행복한 구역 모임 플러스
강해

행복한 구역모임 플러스

강해식

생명의 양식
THE BREAD OF LIFE

구역모임은 한국교회를 지탱해온 든든한 기둥입니다. 그동안 한국교회는 주일 예배로 모이는 것뿐만 아니라 소그룹으로도 모여 말씀과 삶, 은혜를 누렸습니다. 지금은 교회마다 셀, 목장, 순, 사랑방 등으로 이름을 달리하지만 구역모임이 그 원형입니다.

모든 교재는 불만족스럽습니다. 어떤 교재는 너무 공부만 하고(정보만 제공하고), 또 어떤 교재는 지나치게 가벼운(감정선만 강조한) 것 같습니다. 이런 불만족 중에 《행복한 구역모임 플러스》는 균형을 잡고자 애를 썼습니다. 단순히 성경 정보만 제공하지도, 가벼운 감정만 나누지도 않습니다. 구역원끼리 말씀으로 위로하고 변화를 위해 서로 노력하는 데에 도움 되도록 제작하였습니다.

《행복한 구역모임 플러스》의 주제는 "그리스도인의 생활"입니다. 그리스도인으로서 삶을 나누고 삶의 변화를 추구하도록 단원을 구성했습니다. 각 단원은 '그리스도인의 교회생활'(손덕현 목사), '그리스도인의 예배생활', '그리스도인의 가정생활'(안동철 목사), '그리스도인의 사회생활'(권오헌 목사), '그리스도인의 성품'(윤광중 목사), '역사 속 그리스도인'(이성호 교수)입니다.

《행복한 구역모임 플러스》는 이전에 출간되었던 구역모임 교재 《행복한 구역모임》에서 주요한 단원만 선별해 개정한 교재입니다. 개정에 수고한 총회교육원 연구원들과 직원들에게 깊은 감사를 드립니다. 이 교재를 통해 완전한 하나님의 말씀이 각 교회의 소그룹마다 역사하여 온전한 한 사람, 한 사람을 세워가는 구역모임이 되기를 간절히 바랍니다.

2019년 12월 9일
총회교육원 박신웅 원장

행복한 구역모임 플러스 사용하기

◆

강해식

행복한 구역모임 플러스는 설명과 이해하기에 좋은 '강해식 교재'와 토론하기에 좋은 '토론식 교재'가 있습니다.

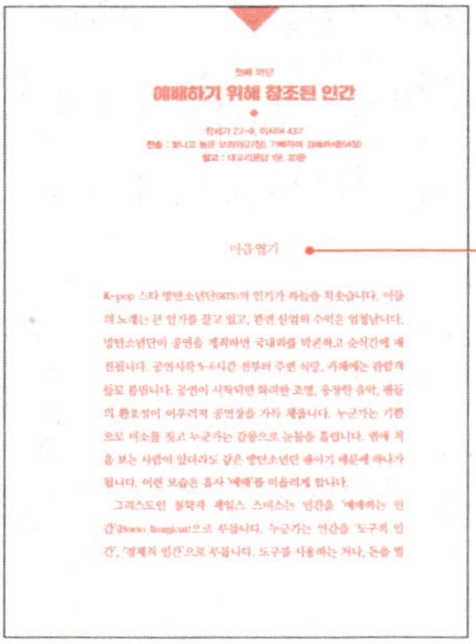

1단계 ◆ 마음 열기

- 과의 주제와 관련된 도입을 읽고 함께 나누면서 모임을 시작합니다.
- '마음 열기'를 통해 구역원들은 보다 열린 마음으로 구역모임을 참여합니다.

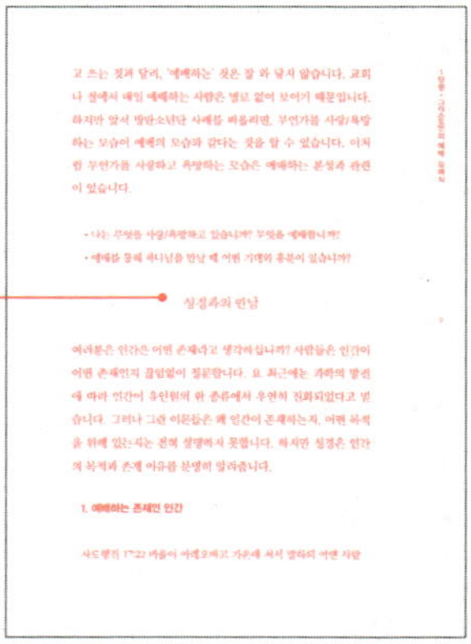

2단계 ◆ 성경과의 만남

- '성경과의 만남'을 통해 제시된 주제의 답을 성경에서 발견합니다.
- 성경에 근거한 주제 해설은 명쾌한 이해와 확실한 깨달음으로 인도합니다.

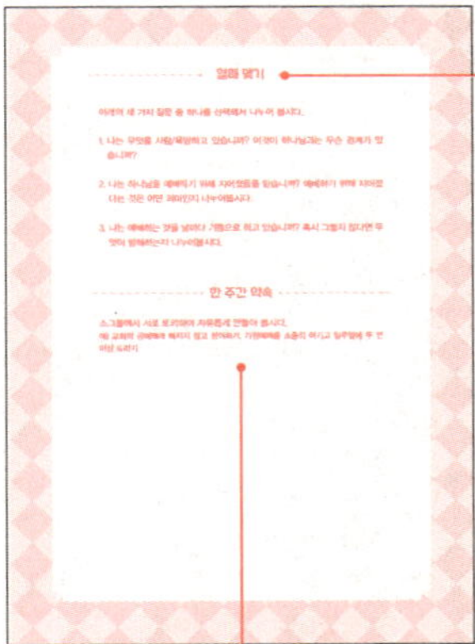
열매 맺기

한 주간 약속

3단계 ◆ 열매 맺기

- '열매맺기'는 성경의 가르침을 구체적으로 삶에 적용하는 단계입니다.
- 2–3가지 나눔 질문 중에 자신이 답할 수 있는 질문을 선택해 나눕니다.
- 나눔 질문을 통해 살펴본 내용을 기억하고 정리할 수 있습니다.

4단계 ◆ 한 주간의 약속

- '한 주간 약속'은 결단한 내용을 구체적으로 실천하는 마지막 단계입니다.
- 구역원들과 함께 약속함으로 서로 격려하고 실천하는데 힘을 얻습니다.
- 서로를 위해 기도하며 모임을 마칩니다.

CONTENTS

1.
그리스도인의 교회생활

첫째 마당 주님의 몸 된 교회 · **둘째 마당** 교회의 일원이 되는 길 · **셋째 마당** 함께 드리는 예배 · **넷째 마당** 성도의 참된 교제 · **다섯째 마당** 연약한 지체 세우기 · **여섯째 마당** 합심기도의 능력 · **일곱째 마당** 복음 증거의 삶 · **여덟째 마당** 믿음으로 드리는 헌금

교회는 삼위 하나님의 사랑이 강같이 흐르는 공동체입니다. 교회는 '성부 하나님의 가족'이요, '성자 예수님의 몸'이며, '성령 하나님의 전'입니다. 이보다 더 존귀한 공동체는 세상 어디에도 없습니다. 하나님은 위대한 구속역사를 교회를 통해 이루어 가기로 계획하셨습니다. 하나님은 당신의 자녀들이 교회 안에서 자라고, 교회를 통해 은혜와 복을 누리고, 교회의 파송으로 세상에 나아가 사명을 감당하는 인생을 살도록 설계하셨습니다. 그러므로 세상에서 가장 복 있는 사람은 하나님의 자녀로서 삶의 중심을 교회에 두고 있는 사람입니다. 이 단원을 통해 우리는 예배를 비롯한 교회 생활의 기본과 핵심 가치를 배우면서 그 속에 담긴 하나님의 뜻을 찾고 그 안에 준비되어 있는 하나님의 복을 누리게 될 것입니다.

첫째 마당

주님의 몸 된 교회

에베소서 1:20-23

찬송 : 시온성과 같은 교회(210장), 그 크신 하나님의 사랑(304장)

마음열기

영화 〈라이온 킹〉을 보면 '무파사'라는 사자가 동물의 왕으로서 동물의 세계를 잘 다스리던 어느 날, 그의 동생 '스카'가 반역을 일으켜 형을 죽이고 자신이 왕이 됩니다. 그러자 대지가 메마르고 동물들의 삶은 피폐해지기 시작합니다. 세월이 흘러 '무파사'의 아들 '심바'가 장성하여 돌아와 아버지를 죽인 삼촌 '스카'에게 도전합니다. 그리고 마침내 잃었던 왕권을 되찾아 라이온 킹이 됩니다. 바로 그 순간 하늘에서 비가 내리고 메말랐던 대지에 생기가 솟아나더니 화면 이쪽에서 저쪽까지 순식간에 푸르른 초원을 이루게 됩니다. 동물들은 환희의 춤을 추면서 회복과 기쁨의 새 날을 살게 됩니다. 예수 그리스도의 통치가 이루어지면 새 날, 새 기쁨, 새 삶이 시작됩니다. 예수 그리스도의 통치가 가장 뚜렷하게 드러나는 곳, 그 곳이 바로 교회입니다.

• 교회 생활 이전과 이후가 어떻게 달라졌습니까?

성경과의 만남

사도 바울이 에베소 교인들을 생각할 때 눈물겹도록 감사한 것 두 가지가 있었습니다. 첫째는 그들이 하나님의 자녀가 되었다는 사실입니다. 한 사람이 하나님의 자녀가 된다는 것! 그것이 성부, 성자, 성령 삼위 하나님의 위대한 사랑의 합작품임을 바울은 잘 알고 있었습니다. 그래서 바울은 에베소 성도들이 하나님의 자녀가 된 것에 대한 감동과 감사를 주체할 수가 없었습니다. 둘째는 그들이 지금 교회 안에 있다는 사실입니다. 바울에게 있어 교회는 절대적 가치를 가진 이 세상 최고의 공동체입니다. 교회는 '성부 하나님의 가족'입니다. 교회는 '성자 예수님의 몸'입니다. 교회는 '성령 하나님의 전'입니다. 이보다 더 존귀한 공동체가 어디 있습니까? 그러므로 세상에서 가장 복 있는 사람은 하나님의 자녀로서 삶의 중심을 교회에 두고 있는 사람입니다.

1. 교회는 삼위 하나님의 사랑이 강같이 흐르는 공동체입니다

찬송하리로다. 하나님 곧 우리 주 예수 그리스도의 아버지께서 그리스도 안에서 하늘에 속한 모든 신령한 복을 우리에게 주시되 〈엡 1:3〉

바울은 에베소 교회를 생각하면서 제일 먼저 '찬송'이 터져 나왔습니다. 교회 안에 있는 성도 한 사람 한 사람에 대한 삼위 하나님의 사랑을 알고 있었기 때문입니다. 창세 전부터 시작된 성부 하나님의 깊은 사랑, 그 사랑으로 한 사람을 택하시고, 때가 되어 부르셔서 하나님의 자녀로 삼으셨습니다. 자신을 내어주신 성자 예수님의 그 큰 사랑, 그 사랑으로 죄 문제가 해결되었고 구원이 이루어졌습니다. 끝까지 함께 해주시는 성령 하나님의 그 뜨거운 사랑, 그 사랑으로 예수님을 알게 되었고, 믿게 되었고, 천국의 길을 가게 되었습니다. 삼위 하나님의 사랑으로 구원 받아 하나님의 자녀가 된 사람들이 모인 공동체가 교회입니다. 그러므로 교회에는 언제나 삼위 하나님의 사랑이 흐르고 있습니다.

2. 교회는 우리 구주 예수님의 몸(지체)입니다

> 또 만물을 그의 발아래에 복종하게 하시고 그를 만물 위에 교회의 머리로 삼으셨느니라. 교회는 그의 몸이니 만물 안에서 만물을 충만케 하시는 이의 충만함이니라. 〈엡 1:22-23〉

교회는 머리되신 예수님의 몸, 곧 지체입니다. 이것은 두 가지를 의미합니다. 먼저 예수님과 교회는 결코 떨어질 수 없는 관계입니다. 머리와 몸이 떨어질 수 있겠습니까? 머리되신 예수님의 그 사랑, 그 은혜, 그 지혜, 그 복이 날마다 몸 된 우리에게로 전

달됩니다. 내 모든 근심과 염려와 문제를 머리되신 주님께서 알아주시고 해결해 주십니다. 그러므로 우리는 교회 안에서 이전과는 차원이 다른 복 된 삶을 살게 됩니다. 둘째로 교회는 머리되신 예수님의 통치를 받는 공동체입니다. 예수님이 다스리는 곳이 하나님의 나라입니다. 예수님이 다스리면 잘못될 수 없습니다. 예수님이 다스리면 승리합니다. 우리는 오직 머리되신 예수님의 말씀을 따르기만 하면 됩니다. 머리되신 예수님께 묻고 결정하면 됩니다. 믿고 따를 수 있다는 것, 모르면 물을 수 있다는 것, 얼마나 복된 일입니까?

3. 교회의 중심으로 들어오십시오

> 범사에 여러분에게 모본을 보여준 바와 같이 수고하여 약한 사람들을 돕고 또 주 예수께서 친히 말씀하신 바 주는 것이 받는 것보다 복이 있다 하심을 기억하여야 할지니라. 〈행 20:35〉

동물의 세계를 보면 아무리 약한 동물이라도 무리의 중심에 있을 때는 맹수의 표적이 되지 않습니다. 무리의 외곽에서 겉돌거나, 무리에서 낙오하면 맹수에게 잡아먹히게 됩니다. 사탄은 끊임없이 교회를 공격합니다. 이때 문제가 되는 것은 중심에서 벗어나 있는 사람들입니다. 중심으로 들어오십시오. 들어와 삼위 하나님의 그 사랑, 그 은혜, 그 역사의 주인공이 되십시오. 예배의 앞자리를 차지하십시오. 순종의 스타트를 끊으십시오. 헌신의 선두권에 진입하십시오. 사도행전 20:35에는 바울이 에베소 장로들을 불러서 마지막으로 권면하는 내용이 나옵니다. 그 핵심은 "약한 사람을 도우라. 주는 것이 받는 것보다 복이 있다 하심을 기억하라"는 것입니다. 그렇습니다. 우리의 꿈은 거기까지 가야합니다. 주는 자 되기를 지금부터 꿈꾸고 기도하고 전진하십시오. 그것이 가장 복 있는 성도가 되는 길입니다.

열매 맺기

아래의 세 가지 질문 중 하나를 선택해서 나누어 봅시다.

1. 교회는 내 인생에서 어느 정도의 부분을 차지하고 있습니까? 솔직하게 나누어 보십시오.

2. 나는 어떤 교회가 좋은 교회라고 생각합니까?

3. 좋은 교회를 만들기 위해 내가 해야 할 일은 무엇이라고 생각하십니까?

한 주간 약속

소그룹에서 서로 토의하여 자유롭게 만들어 봅시다.

예) 우리 교회의 좋은 점 세 가지 말해 보기

둘째 마당

교회의 일원이 되는 길

요한일서 4:14-16

찬송 : 내 주의 나라와(208장), 예수를 나의 구주 삼고(288장)

마음열기

이제 막 공무원 생활을 시작하는 초보 공무원이 점심시간에 혼자 동사무소를 지키고 있는데 한 아주머니가 들어왔습니다. 아주머니가 말합니다. “저 사망신고 하러 왔는데요.” 초보 공무원이 처음 고객을 대하는지라 긴장해서 이렇게 말합니다. “본인 되세요?” 이 말을 들은 아주머니 역시 당황하며 잠시 생각하더니 이렇게 다시 묻습니다. “꼭 본인이 와야 하나요?” 무엇이든 처음 시작할 때는 어색하고 불편하고 마음먹은 대로 잘 안 되기 마련입니다. 반면에 처음하는 것에는 설렘과 흥분, 기대가 생깁니다. 교회의 일원이 된다는 것도 그렇습니다. 한편으로는 서먹함이, 한편으로는 두근거림이 있습니다. 그런데 교인이 된다는 것에는 이것을 뛰어넘는 신비로운 것 한 가지가 더 있습니다. 그것은 바로 감격입니다. 세상이 줄 수도 없고, 빼앗을 수도 없는 놀라운 감격, 그 감격이 만들어내는 변화가 있습니다.

- 세상에서의 감동과 교회에서의 감동은 어떤 차이가 있다고 생각하십니까?

성경과의 만남

사도 요한은 80세가 훌쩍 넘어도 여전히 식지 않은 가슴으로 감격에 겨워 외칩니다. "하나님 아버지께서 우리를 위해 보내주신 하나님의 아들, 곧 우리 구주 예수 그리스도를 우리는 보았습니다. 만났습니다. 우리를 위해 아들을 주신 하나님의 그 큰 사랑을 우리는 경험했습니다. 그 하나님께서 여전히 우리를 사랑하고 계십니다." 그렇습니다. 교회는 하나님의 아들이신 예수 그리스도를 구주로 영접한 자들이 모여서, 변함없는 하나님의 그 큰 사랑을 감격적으로 누리며 나누는 공동체입니다. 교회의 일원이 된다면 더 이상 사랑이 없어 좌절하지 않아도 됩니다. 더 이상 사랑이 모자라서 실망하지 않아도 됩니다. 이제 넘치는 사랑 안에서 진정한 행복을 소유할 수 있게 됩니다. 진정한 교인, 진정한 성도가 되고 싶지 않으십니까?

1. 하나님의 아들이신 예수님을 '나의 구주'로 영접하십시오

아버지가 아들을 세상의 구주로 보내신 것을 우리가 보았고 또 증언하노니 누구든지 예수를 하나님의 아들이라 시인하면 하나님이 그의 안에 거하시고 그도 하나님 안에 거하느니라. 〈요일 4:14-15〉

예수님이 하나님의 아들이라는 사실을 인정하십니까? 인정하든 인정하지 않든 그것은 객관적인 진리요, 사실입니다. 그 하나님의 아들이 십자가에서 우리를 위해 생명을 주셨습니다. 죄의 값은 죽음이기에, 예수님이 우리 대신 죽으심으로써 우리 죄의 값을 치르시고 죄와 사망에서 우리를 건지셨습니다. 죄와 사망의 노예였던 우리를 하나님의 자녀로, 천국 백성으로 만들어 주셨습니다. 노예와 자녀의 차이가 얼마나 큰지 아십니까? 죄와 사망에게 꼼짝도 못하던, 비참한 노예였던 우리가 예수님 때문에 가장 좋은 것을 마음껏 누릴 수 있는 전능하신 하나님의 자녀가 되었습니다. 이제 예수님이 나를 위해 십자가에 죽으심으로 말미암아 나를 구원하셨다는 사실을 믿기만 하십시오. 예수님이 '나의 구주' 이심을 고백하기만 하십시오. 그러면 하나님의 자녀가 되고 또한 교회의 일원이 될 수 있습니다.

2. 하나님의 아들이신 예수님이 '나의 구주' 되심에 감사하십시오

감사로 제사를 드리는 자가 나를 영화롭게 하나니 그의 행위를 옳게 하는 자에게 내가 하나님의 구원을 보이리라. 〈시 50:23〉

예수님이 하나님의 아들이심을 고백하십니까? 예수님이 '나의 구주' 되심이 믿어지십니까? 그렇다면 감사하십시오. 그리고 찬양하십시오. 하나님의 은혜가 아니라면 결단코 우리에게 이런 일이 일어날 수 없기 때문입니다. 하나님의 아들이신 예수 그리스도께서 나의 구주가 되어주셨다는 사실, 이 한 가지만으로 우리는 평생 감사할 수 있고 매일 찬양할 수 있습니다. 요한일서라는 이 편지를 보내는 노사도 요한의 감격도 이것이요, 이 편지를 받는 1세기 그리스도인들의 감격도 이것입니다. 구원의 은혜에 감사하는 사람, 가슴 속에 하나님의 은혜에 대한 감격이 있는 사람은 단순히 교회의 일원이 되는 것을 넘어서 성도다운 성도, 곧 하나님의 기쁨이 되고 하나님께 쓰임 받는 성도가 될 수 있습니다. 우리가 구원의 은혜에 감사할 때마다 하나님은 영광을 받으십니다. 이 얼마나 가슴 벅찬 일입니까?

3. 아들을 주신 하나님께 '사랑'을 요청하십시오

> 하나님이 우리를 사랑하시는 사랑을 우리가 알고 믿었노니 하나님은 사랑이시라. 사랑 안에 거하는 자는 하나님 안에 거하고 하나님도 그의 안에 거하시느니라. 〈요일 4:16〉

사도 요한의 말대로 하나님은 사랑이십니다. 그것은 진리입니다. 그러면 생각해보십시오. 하나님께서 그 사랑을 누구에게 주시겠습니까? 자녀입니다. 자녀의 권세가 무엇입니까? 아버지께 요청할 수 있고 요청한 것을 받을 수 있다는 것입니다. 세상에 어린이가 아무리 많아도 내 사랑과 관심은 내 자녀에게 집중됩니다. 하나님 아버지도 그렇습니다. 하나님은 마치 세상에 나 하나밖에 없는 것처럼 나를 사랑하십니다. 그 사랑을 요청하십시오. 요청하면 반드시 주시는 그 사랑을 기꺼이 받으십시오. 그리고 그 사랑을 기꺼이 나누어 주십시오. 그런 인생을 사는 사람을 우리는 '축복의 통로'라고 부릅니다. 사랑이 흘러넘치는 '축복의 통로'를 꿈꾸고 구하고 요청하십시오. 그가 바로 교회를 교회답게 하는 복 있는 성도입니다.

열매 맺기

아래의 세 가지 질문 중 하나를 선택해서 나누어 봅시다.

1. 나는 평소에 구원의 감격을 누리고 있습니까? 구체적으로 어떤 순간입니까?

2. 나는 구원의 은혜에 대한 감사의 표현을 어떻게 하고 있습니까?

3. 내가 받은 하나님의 놀라운 사랑을 누구에게 나누어 주고 있습니까?

한 주간 약속

소그룹에서 서로 토의하여 자유롭게 만들어 봅시다.
예) 내가 우리 교회 교인이 된 과정을 요약해 적어보고 그 안에서 하나님의 은혜 발견하기

셋째 마당

함께 드리는 예배

시편 100:1–5

찬송 : 구세주를 아는 이들(26장), 내 구주 예수를 더욱 사랑(314장)

마음열기

영화 〈빠삐용〉을 보면 이런 장면이 있습니다. 포주를 죽인 죄목으로 독방에 수감된 빠삐용이 꿈에서 사막 한 가운데로 걸어 나갑니다. 저편에 배심원들과 재판관들이 기다리고 있습니다. 빠삐용은 말합니다. "나는 무죄입니다. 나는 누구도 죽이지 않았어요." 재판관이 말합니다. "그래, 그건 맞다. 너는 살인죄로 기소된 게 아니다. 네가 저지른 죄는 인간이 저지를 수 있는 있는 가장 흉악한 범죄이다. 너는 '인생을 낭비한 죄'로 기소되었다." 혹시 시간과 기회를 낭비하고 있지는 않습니까? 더 이상 인생을 낭비하지 마십시오. 이제 인생의 방황을 끝내십시오. 진정한 예배자가 된다면 그럴 수 있습니다. 진정한 예배자가 되면 새로운 인생이 전개됩니다.

• 나는 요즘 예배에 전심전력을 다하고 있습니까?

성경과의 만남

시인은 예배의 기쁨을 주체할 수 없어 온 땅을 향해 함께 예배하자고 소리칩니다. 시인은 예배 속에서 뜨겁게 하나님을 만나고 있습니다. 시인의 말에 의하면 예배란 하늘의 문을 여는 열쇠이며 천국의 행복으로 들어가는 문입니다(4절). 예배에 초청받은 자, 예배가 허락된 자, 그보다 복된 사람은 없습니다. 다윗도 그것을 알기에 이렇게 고백했습니다. “주께서 택하시고 가까이 오게 하사 주의 뜰에 살게 하신 사람은 복이 있나이다. 우리가 주의 집 곧 주의 성전의 아름다움으로 만족하리이다”(시 65:4). 예배를 진심으로 사모하십니까? 예배를 통해 행하실 주님의 위대한 일을 기대하십니까? 하나님께서 우리를 위해 예배 속에 설계해 두신 것들을 살펴봅시다.

1. 예배에는 만남의 감격이 있습니다

여호와가 우리 하나님이신 줄 너희는 알지어다. 그는 우리를 지으신 이요 우리는 그의 것이니 그의 백성이요 그의 기르시는 양이로다. 〈시 100:3〉

만남에는 세 가지 종류가 있습니다. 먼저 머리와 머리의 만남입니다. 머리로 계산하여 이익이 되면 만나고 손해가 되면 만나지 않는 것입니다. 둘째 몸과 몸의 만남입니다. 외모, 재산, 학벌 등 외적인 조건들을 따져보고 만남을 결정합니다. 이런 만남에는 아무런 기쁨도 감동도 없습니다. 나머지 하나는 마음과 마음의 만남입니다. 서로 아껴주고 높여주고 사랑하고 생각하는 만남입니다. 여기에는 감격이 있습니다. 예배를 통해 우리의 마음과 하나님의 마음이 만납니다. 이 마음과 마음의 만남을 통해 말로 표현할 수 없는 깊은 감동과 은혜를 누립니다. 예배를 통해 우리는 함께 예배하는 성도들과 마음과 마음으로 만날 수 있습니다. 같은 찬송을 부르고 같은 말씀을 듣고 같이 하나님을 바라봄으로써 하나 됨의 감격을 누리게 됩니다. 예배 중에 하나님은 정말 우리의 하나님이 되어 주십니다.

2. 예배에는 열림의 감격이 있습니다

감사함으로 그의 문에 들어가며 찬송함으로 그의 궁정에 들어가서 그에게 감사하며 그의 이름을 송축할지어다. 〈시 100:4〉

예배는 천국의 문을 여는 열쇠와 같습니다. 예배를 통해 하늘 문이 열리고 축복의 문이 열리고 은혜의 문이 열립니다. 동서남북 다 막혀 있고, 앞 뒤 옆길 다 막혀 있어도 하늘 문이 열려 있으면 걱정할 것이 없습니다. 예배를 통해 우리의 눈이 열리고 마음이 열리고 비전이 열립니다. 아람 군대가 엘리사를 포위하고 둘러쌌을 때 엘리사의 사환은 절망했습니다. "아아, 내 주여 우리가 어찌하리이까"하며 탄식했습니다. 그때 엘리사가 그 청년 사환을 위해 기도합니다. "여호와여 원하건대 그의 눈을 열어 보게 하옵소서"(왕하 6:17). 그의 눈이 열리니 산에 가득한 불말과 불병거들이 보였습니다. 하나님의 군대가 보인 것입니다. 예배를 통해 우리는 눈을 뜨게 되고 하나님의 사랑과 은혜와 능력과 역사를 볼 수 있습니다. 그 감격은 무엇과도 비길 수 없습니다.

3. 예배에는 새 출발의 감격이 있습니다

> 여호와는 선하시니 그의 인자하심이 영원하고 그의 성실하심이 대대에 이르리로다. 〈시 100:5〉

예배를 통해 우리가 만나는 하나님은 선하시고 인자하시고 성실하신 하나님이십니다. 예배자는 이제 그 하나님을 굳게 의지하고 일어서서 새로운 힘으로 삶의 현장을 향해 출발합니다. 야곱의 발걸음은 벧엘에서의 예배 이전과 이후가 전혀 달랐습니다. 벧엘에서 예배하기 전, 야곱의 발걸음은 고향을 떠나는 아쉬움과 낯선 곳에 대한 두려움으로 인해 그렇게 무거울 수가 없었습니다. 그러나 벧엘에서 하나님을 만난 후 그의 발걸음은 새 힘으로 충만한 씩씩한 발걸음이 되었습니다(창 29:1). 진정한 예배자는 걸음이 달라지고 월요일이 달라집니다. 로빈 쉬어러가 쓴 《더 이상 우울한 월요일은 없다》라는 책을 읽은 많은 독자들은 '그래도 여전히 월요일은 우울하다'는 서평을 썼다고 합니다. 활기찬 월요일! 예배자에게는 가능합니다. 예배자에게는 무엇이든 가능합니다. 무엇이든 뒤집기 할 수 있습니다.

열매 맺기

아래의 세 가지 질문 중 하나를 선택해서 나누어 봅시다.

1. 나는 진정으로 예배를 기대하고 사모하고 있습니까?

2. 나는 예배를 잘 드리기 위해 어떤 준비를 하고 있습니까?

3. 준비가 있는 예배와 준비가 없는 예배의 차이가 무엇일까요?

한 주간 약속

소그룹에서 서로 토의하여 자유롭게 만들어 봅시다.
예) 예배를 잘 드리기 위한 준비목록 만들어 보기

넷째 마당

성도의 참된 교제

◆

시편 133:1-3

찬송 : 사랑하는 주님 앞에(220장), 주 믿는 형제들(221장)

마음열기

어떤 총각이 한 처녀를 너무나 좋아했습니다. 그래서 총각이 처녀에게 사랑 고백을 했는데 처녀 쪽에서 전혀 반응이 없었습니다. 총각은 큰 결심을 합니다. '앞으로 1년간 하루에 한 통씩 매일 편지를 써서 부치리라' 그렇게 1년간 매일 한 통씩 편지를 써서 부쳤습니다. 1년 후 놀라운 일이 벌어졌습니다. 매일 편지를 받은 이 처녀가 매일 편지를 배달한 집배원과 사랑에 빠진 것입니다. 자주 만나면 사랑이 꽃피게 됩니다. 교회생활도 마찬가지입니다. 주님과 자주 만나고 말씀과 자주 만나고 성도들과 자주 만나면 좋은 일이 일어납니다.

• 내가 가장 자주 만나는 것은 무엇입니까?

성경과의 만남

다윗이 기뻐하는 이유는 크게 두 가지였습니다. 첫째는 하나님이 기뻐하시기 때문이었습니다. 하나님이 기뻐하시면 그것이 무엇이든 다윗도 기뻤습니다. 하나님이 좋아하시면, 하나님이 영광 받으시면 다윗은 무조건 좋았습니다. 둘째는 백성들이 행복했기 때문입니다. 백성들이 행복해하면 다윗은 무척 좋았습니다. 하나님 안에서 백성들이 교제하는 것, 그것은 하나님의 기쁨이기에, 또한 백성들의 행복이기에, 다윗 자신에게도 최고의 기쁨이었습니다. 그것은 다윗에게 있어 모든 것을 뛰어 넘는 숭고한 보람이었습니다. 교회 안에서 성도들이 주님의 이름으로 서로 교제하는 것, 그것은 주님의 기쁨이며 성도들의 행복입니다. 그것은 천국에 가서도 영원히 계속될 아름다운 모습입니다.

1. 성도가 교제할 때 하나님이 정말 기뻐하십니다

보라 형제가 연합하여 동거함이 어찌 그리 선하고 아름다운고 〈시 133:1〉

성도들끼리 주 안에서 잘 지내고 교제하는 것만으로도 하나님께 기쁨이 되고 영광이 됩니다. 생각해 보십시오! 우리 같은 인생이 크고 크신 주님의 기쁨이 될 수 있다는 것, 정말 놀랍고 황송하지 않습니까? 주님은 참 감동을 잘 하시는 분이십니다. 우리의 예배에, 우리의 순종에, 우리가 드리는 작은 것에 너무나도 쉽게 감동하십니다. 우리가 우리 자녀를 감동시키는 것이 쉬운 일은 아닙니다. 요즘 사람들은 여간해선 감동을 안 받습니다. 그런데 우리 주님은 우리의 작은 것에 좋아해 주시고 진정으로 감동해 주십니다. 그저 우리끼리 잘 지내고 그저 우리끼리 기도해 주고 축복해 주는 그런 것만으로도 주님은 우리를 자랑스러워하십니다. 그것만으로도 우리가 교회 안에서 서로 교제해야 할 충분한 이유가 되지 않겠습니까?

2. 성도가 교제할 때 하나님이 놀라운 복을 주십니다

> 머리에 있는 보배로운 기름이 수염 곧 아론의 수염에 흘러서 그의 옷깃까지 내림 같고 헐몬의 이슬이 시온의 산들에 내림 같도다….
> 〈시 133:2-3〉

우리가 이렇게 좋으신 주님의 가족이 되었다는 것, 그리고 같은 시대, 같은 교회에서 우리가 한 가족으로 함께 살아간다는 것은 정말 복되고 아름다운 일입니다. 이것만 해도 감사한데 우리가 주님 안에서 교제할 때 놀라운 복까지 주신다고 합니다. 먼저 구약시대 대제사장 아론에게 기름을 부어주셨듯이 우리에게 성령의 기름을 부어주겠다고 하십니다. 그것은 우리에게 성령님의 지혜와 능력을 부어주신다는 뜻입니다. 또한 헐몬산과 시온 산에 날마다 이슬을 내려주심 같이 우리에게도 날마다 은혜의 이슬을 내려주겠다고 하십니다. 우리 인생에 날마다 주님의 은혜를 채워주겠다는 것입니다. 성령의 기름부음을 받고 이슬 같은 은혜로 적셔진 사람들이 모여 교제할 때 어떤 일이 일어날 지를 상상해 보십시오. 기대가 되지 않습니까?

3. 소그룹에 참여 하십시오

헐몬의 이슬이 시온의 산들에 내림 같도다. 거기서 여호와께서 복을 명령하셨나니 곧 영생이로다. 〈시 133:3〉

성령의 기름을 부어주시고, 은혜의 이슬을 내려주셔도 혼자서는 잘 느끼지도 누리지도 못합니다. 주님 안에서 하나 된 형제들과의 만남을 통해 그리고 나눔을 통해 점점 선명하게 깨닫고 느끼고 누릴 수 있게 됩니다. 교회생활은 성도 전체가 모이는 예배라는 날개와 서로를 친밀하게 도울 수 있는 소그룹이라는 날개, 이 두 날개를 가지고 비상하는 것과 같습니다. 사람과 사람 사이가 항상 좋을 수만은 없습니다. 상처도 상한 감정도 생길 수 있습니다. 그러나 주님 안에서라면, 교회 안에서라면 반드시 합력하여 선을 이루게 됩니다. 왜냐하면 하나님께서는 이 세상에서 교회보다 복되고 유익한 공동체를 주신 적이 없기 때문입니다. 아무것도 염려하지 말고, 주저하지 말고 소그룹 활동을 하십시오. 거기에 하나님이 친히 우리를 위해 예비하신 여호와 이레의 은혜와 축복이 기다리고 있습니다.

열매 맺기

아래의 세 가지 질문 중 하나를 선택해서 나누어 봅시다.

1. 내가 꿈꾸는 아름다운 성도의 교제는 어떤 것입니까?

2. 소그룹에 참여했을 때 얻게 된 기쁨과 유익이 무엇이었습니까?

3. 우리 구역은 새가족 정착을 위해 어떤 준비가 되어 있습니까? 앞으로 무엇을 더 준비해야 할까요?

한 주간 약속

소그룹에서 서로 토의하여 자유롭게 만들어 봅시다.

예) 우리 구역이 좋은 점 세 가지 말해 보기, 구역을 위한 기도 제목 말해 보기

다섯째 마당

연약한 지체 세우기

고린도전서 8:1–13

찬송 : 네 맘과 정성을 다하여서(218장), 주님의 마음을 본받는 자(455장)

마음열기

감자 먹다 싸운 부부 얘기를 아시죠? 어느 신혼 가정에서 감자를 쪘는데 아내가 감자를 설탕에 찍어 먹었습니다. 이것을 본 남편이 말합니다. “아니 세상에 감자를 설탕에 찍어먹는 사람이 어디 있어? 감자는 소금에 찍어 먹어야지.” 그러자 아내가 볼멘소리로 대답합니다. “무슨 소리에요? 우리 집안은 늘 설탕에 찍어 먹어요. 저는 감자를 소금에 찍어 먹는 사람을 본 적이 없어요.” 이렇게 시작된 싸움이 점점 커져서 해결할 수 없는 지경에 이르게 됩니다. 결국 부부가 상담자를 찾아갑니다. 그랬더니 상담자가 이렇게 말합니다. “간단하네요. 앞으로 감자 먹을 때 설탕과 소금 둘 다 갖다 놓고 먹으세요. 참고로 우리 집안은 감자를 고추장에 찍어 먹습니다.” 상대방이 나와 견해가 다를 때 어떤 반응을 보이십니까?

• 혹 '다른 것'을 '틀린 것'이라고 몰아 부친 적은 없습니까?

성경과의 만남

고린도교회는 다양한 계층, 다양한 출신, 다양한 직업, 다양한 은사를 가진 사람들이 모인 공동체였습니다. 이 다양한 사람들은 중요한 이슈마다 다양한 의견과 논리를 내세웠습니다. 음행, 성만찬, 제사음식, 은사 사용 문제 등에서 항상 의견이 갈리고 서로를 공격했습니다. 바울은 말씀을 통해 다툼을 화합으로 바꾸고 싶어 합니다. 상대를 찔러 상처를 주는 격렬한 대립 대신 관용과 배려가 흘러넘치는 건강하고 좋은 교회를 만들고 싶어 합니다. 먼저 된 자들이 보여주는 그리스도의 사랑으로 인해 초신자들과 연약한 지체들이 정말 행복해지는 아름다운 공동체를 이루고 싶어 합니다. 그것은 주님의 소원이기도 합니다. '우상의 제물'이라는 이슈를 통해 바울은 교회에서 연약한 지체를 세우는 방법을 가르쳐 줍니다.

1. 지식에는 사랑의 기름을 부어야 합니다

우상의 제물에 대하여는 우리가 다 지식이 있는 줄을 아나 지식은 교만하게 하며 사랑은 덕을 세우나니 〈고전 8:1〉

지식은 그 자체로는 차갑습니다. 딱딱합니다. 많은 경우 지식은 사람을 무익한 논쟁의 자리로, 자기주장만 내세우는 철면피의 자리로, 상대를 무시하는 안하무인의 교만한 자리로 몰아갑니다. 그러므로 지식에는 반드시 사랑의 기름이 함께 해야 합니다. 그래야 진정한 가치를 갖게 됩니다. 그래야 사람을 유익하게 하는 도구가 될 수 있습니다. 지식 위에 십자가의 사랑이 부어질 때 그 지식은 비로소 빛을 발하고 소금의 맛을 가지며 사람을 감동시키는 아름다운 덕이 됩니다. 교회 안에서 먼저 된 자들은 더 많은 영적 지식과 경험적 지식을 갖게 되기 마련입니다. 그러므로 먼저 된 자들은 자신들의 지식에 그리스도의 사랑이 녹아 있는지를 확인한 후에, 그리고 사랑의 기름을 채운 후에 그 지식을 사용해야 합니다. 그리할 때 그 지식으로 연약한 지체를 잘 세우고 양육할 수 있습니다.

2. 자유에는 절제의 브레이크를 장착해야 합니다

그런즉 너희의 자유가 믿음이 약한 자들에게 걸려 넘어지게 하는 것이 되지 않도록 조심하라. 〈고전 8:9〉

학식이 높은 사람은 헛소리를 잘 안합니다. 오히려 빈 깡통이 요란합니다. 건강한 부자는 돈 자랑을 잘 안합니다. 졸부들이 깐죽댑니다. 넉넉하고 충분한 사람은 절제의 미덕을 갖고 있습니다. 자유에 관해서 우리는 넉넉하고 충분한 사람입니다. 예수 그리스도께서 우리를 죄와 사망의 노예에서 해방시키시고 자유를 주셨습니다. 우리는 하나님의 자녀라는 신분이 주는 최고 최대의 자유를 갖게 되었습니다. 죄와 세상의 노예였을 때는 꿈도 꿀 수 없었던 자유의 능력이 우리에게 있습니다. 그렇다면 이 넉넉하고 충분한 자유를 품격 있게 사용해야 합니다. 연약한 지체들이 우리의 자유 때문에 상처 입는다면 자유를 주신 주님의 마음이 얼마나 아프시겠습니까? 자유에 절제의 브레이크를 다십시오. 연약한 지체를 위해서 언제든 절제의 브레이크를 밟으십시오. 그렇게 될 수 있도록 주님께 기도하십시오.

3. 역지사지, 즉 상대방의 입장 되어 보기를 실천하십시오

> 그러므로 만일 음식이 내 형제를 실족하게 한다면 나는 영원히 고기를 먹지 아니하여 내 형제를 실족하지 않게 하리라. 〈고전 8:13〉

예수님은 우리를 구원하시기 위해 우리의 입장이 되어 주셨습니다. 하늘의 보좌를 버리시고 기꺼이 우리의 자리에 오셨습니다. 그런 주님이 말씀하셨습니다. “그러므로 무엇이든지 남에게 대접을 받고자 하는 대로 너희도 남을 대접하라 이것이 율법이요 선지자니라”(마 7:12). 상대방의 입장이 먼저 되어보라는 것입니다. 오늘 바울의 권면도 동일합니다. 아직 우상의 제물에 대해 자유함이 없는 자, 즉 연약한 자의 입장이 되어 보라고 합니다. '눈에는 눈 이에는 이'라는 신념에 투철한 사람들은 역지사지가 잘 안 됩니다. 그러나 십자가의 사랑과 은혜를 경험한 사람들은 능히 할 수 있습니다. 아전인수가 난무하는 세상에서 역지사지를 실천해 봅시다. 그것이 이웃사랑의 출발입니다.

열매 맺기

아래의 세 가지 질문 중 하나를 선택해서 나누어 봅시다.

1. 역지사지, 즉 상대방의 입장 되어보기를 실천한 적이 있습니까? 구체적으로 얘기해 보십시오.

2. 교회 안에서 나중 된 자를 향한 먼저 된 자의 책임은 무엇이라고 생각하십니까?

3. 연약한 지체를 위해 기도하고 그 응답을 받아 본 적이 있습니까? 응답의 내용을 소개해 보십시오.

한 주간 약속

소그룹에서 서로 토의하여 자유롭게 만들어 봅시다.

예) 초신자였을 때 제일 원했던 것 순서대로 세 가지 말해 보기, 지금 나는 그 필요를 초신자들에게 채워 주고 있는지 점검해 보기

여섯째 마당

합심기도의 능력

마태복음 18:19-20

찬송 : 내 기도하는 그 시간(364장), 기도하는 이 시간(361장)

마음열기

지독한 불면증으로 시달리는 입원 환자가 있었습니다. 몇 날 며칠을 못자다가 어느 날 모처럼 초저녁부터 잠이 쏟아져 꿈속을 헤매고 있는데 밤 10시쯤 누군가가 흔들어 깨워서 눈을 떠보니 담당 간호사였습니다. 그 간호사가 하는 말, "수면제 먹을 시간이에요. 수면제 드시고 주무세요." 아무리 숙련된 사람이라도 집중력이 떨어지면 엉뚱한 생각을 하고 엉뚱한 행동을 하게 됩니다. 성도에게 기도가 중요한 이유가 무엇입니까? 기도는 우리가 하나님께 집중하는 시간이요 또한 하나님께서 우리에게 집중해 주시는 시간이기 때문입니다. 특별히 합심 기도는 하나님의 마음과 우리의 마음이 가장 강렬하게 만나는 순간입니다.

• 나는 요즘 하나님과 열정적인 만남을 유지하고 있습니까?

성경과의 만남

오늘 본문은 교회가 권징과 같은 중요한 결정을 할 때 반드시 합심기도를 통해 신중하고 사려 깊게 결론을 내리라는 말씀입니다. 하나님은 우리가 합심기도 할 때 교회를 위해, 그리고 기도하는 우리를 위해 반드시 당신의 뜻을 알려주겠다고 하십니다. 뿐만 아니라 합심기도를 할 때 우리를 한 마음 한 뜻되게 해 주시겠다고 하십니다. 결국 합심기도의 가치는 교회가 하나님의 뜻을 공유하게 된다는 점과 그로 인해 성도들이 한 마음 한 방향을 갖게 된다는 것에 있습니다. 그러므로 이 합심기도에 동참하는 것이야말로 교회를 진정으로 사랑하는 방법 중 하나이며 동시에 성도의 숭고한 특권을 누리는 길이라 할 수 있습니다. 이제 한 단계 한 단계 그 순서를 밟아가 봅시다.

1. 기도하는 사람이 되십시오

> 그들이 부르기 전에 내가 응답하겠고 그들이 말을 마치기 전에 내가 들을 것이며 〈사 65:24〉

자녀들이 중요한 선택을 앞두고 부모님과 함께 의논한다면 부모님은 그것만으로도 기쁘고 행복합니다. 우리 하나님 아버지도 그렇습니다. 자녀인 우리가 하나님 아버지께 말할 때, 하나님 아버지의 뜻을 여쭈어 볼 때 제일 좋아하십니다. 얼마나 좋아하시는지 부르기도 전에 응답하겠고 말을 마치기도 전에 듣겠다고 하십니다. 성도에게 기도는 제일 좋은 것입니다. 들어 주시는 아버지, 기뻐해 주시는 아버지, 응답해 주시는 아버지, 나보다 더 나를 잘 아시고, 나보다 더 나를 사랑하시고, 나보다 더 내가 잘 되기를 원하시는 아버지가 계시기 때문입니다. 또한 성도에게 기도는 제일 쉬운 것입니다. 그냥 아버지의 이름을 부르고 내가 하고 싶은 말을 하면 되는 것입니다. 나머지는 아버지가 다 알아서 해 주십니다. 제일 좋으면서 제일 쉬운 것, 그것을 제일 잘 하는 성도가 되시기 바랍니다.

2. 기도해 주는 사람이 되십시오

> 진실로 다시 너희에게 이르노니 너희 중의 두 사람이 땅에서 합심하여 무엇이든지 구하면 하늘에 계신 내 아버지께서 그들을 위하여 이루게 하시리라. 〈마 18:19〉

경험하면 할수록 정말 받는 것보다 주는 것이 기쁩니다. 기도도 그렇습니다. 누군가를 위해, 교회를 위해, 기도하는 사람이 되면 얼마나 행복한지 모릅니다. 기도하는 사람은 주님의 동역자, 주님의 교회의 동역자, 주님의 종의 동역자 입니다. 오늘 19절의 말씀은 기도하는 사람들에 관한 말씀을 넘어서서 교회를 위해, 성도를 위해 기도해 주는 사람들에 관한 말씀입니다. 하나님께서 그들의 편이 되어 주겠다고 하시고, 하나님께서 그들의 기도를 이루겠다고 하십니다. 누군가를 위해, 교회를 위해 기도하는 사람! 그는 이미 하나님의 기쁨이요, 노래요, 면류관입니다.

3. 공적인 기도 모임에 참여하십시오

> 두세 사람이 내 이름으로 모인 곳에는 나도 그들 중에 있느니라.
> 〈마 18:20〉

교회가 인정하는 공적 기도 모임, 합심하여 기도하는 프로그램에 참여하십시오. 그러면 주님의 강력한 임재를 체험하게 됩니다. 공적 기도 모임에서 같은 기도제목을 두고 같이 기도하면 교회의 흐름과 방향에 동참하는 진정한 교인이 됩니다. 교회와 성도를 사랑하는 복 있는 사람이 됩니다. 기도로 생명을 살리고 기도로 하나님의 뜻을 성취하는 위대한 역사의 주인공이 됩니다. 사무엘 시대에 미스바에 모여 합심해서 기도했던 사람들은 시대의 흐름을 바꾸었습니다. 하나님의 기적을 보았습니다. 자신들의 인생이 회복되고 나라가 회복되는 것을 보았습니다. 초대교회 성도들이 합심해서 기도할 때 하늘 문이 열리고, 감옥 문이 열리고, 닫혔던 마음의 문들이 열렸습니다. 합심해서 기도하면 오늘 우리에게도 그런 일이 일어날 수 있습니다

열매 맺기

아래의 세 가지 질문 중 하나를 선택해서 나누어 봅시다.

1. 매일 규칙적으로 기도하고 있습니까? 적어도 이 닦는 시간보다는 많은 시간을 기도에 할애하고 있습니까?

2. 나를 위해 기도하는 사람이 누구인지 알고 있습니까? 나는 누구를 위해 기도하고 있습니까?

3. 내가 참여하고 있는 기도 모임은 어떤 것들입니까?

한 주간 약속

소그룹에서 서로 토의하여 자유롭게 만들어 봅시다.

예) 기도 모임에서 합심 기도를 통해 받은 은혜 세 가지 말해 보기

일곱째 마당

복음 증거의 삶

사도행전 1:8, 마태복음 28:18–20

찬송 : 저 죽어 가는 자 다 구원하고 (498장), 온 세상 위하여 (505장)

마음열기

1904년 영국 국왕 에드워드 7세는 구세군을 창설해 가난한 사람들에게 희망과 용기, 복지혜택을 준 윌리엄 부스를 왕실로 초청하여 격려하면서 이런 말을 했습니다. “그대가 원하는 것이 무엇입니까? 왕으로서 할 수 있는 일은 다 해주겠습니다.” 그 때 윌리엄 부스는 겸손한 목소리로 대답했습니다. “국왕 폐하, 제가 바라는 것은 한 영혼이라도 더 구원하는 것입니다. 이것만이 저의 소원이요, 희망입니다. 그리고 최대의 기쁨입니다.” 우리의 소원은 무엇입니까?

- 나에게 최고의 기쁨은 무엇입니까? 복음 증거도 그 중의 하나입니까?

성경과의 만남

학창 시절 담임선생님이 아주 중요한 어떤 일을 다른 사람이 아닌 내게 시키셨을 때, 부담이 되고 귀찮았던가요? 아니면 가슴 뿌듯하고 신이 났던가요? 주님은 가장 가치 있고 중요한 일, 곧 복음 증거를 다른 사람이 아닌 우리에게 맡기셨습니다. 참 가슴 벅차고 신나는 일입니다. 주님이 직접 하시면 쉬울 텐데 굳이 우리에게 맡기십니다. 마치 "너 아니면 안 돼. 네가 꼭 필요해"라고 하시는 것 같습니다. 왜 그렇게 하실까요? 가장 복된 일에 우리를 초청하시는 것입니다. 이 일에는 영광이 있기에 우리에게 그 영광을 주고 싶어 하십니다.

1. 주님의 꿈과 내 꿈이 같아지기를 소원하십시오

그러므로 너희는 가서 모든 민족을 제자로 삼아 아버지와 아들과 성령의 이름으로 세례를 베풀고 내가 너희에게 분부한 모든 것을 가르쳐 지키게 하라. 볼지어다 내가 세상 끝날까지 너희와 항상 함께 있으리라 하시니라. 〈마 28:19-20〉

'그가 좋아하는 것을 나도 좋아하고 그가 싫어하는 것을 나도 싫어하며, 그와 같은 꿈을 꾸고 그와 같은 곳을 바라보며 함께 걸어가는 사이' 우리는 그런 사이를 동반자라고 부릅니다. 주님은 우리를 주님의 동반자로 삼고 싶어 하십니다. '복음의 사명자'가 된다는 것은 우리 주님의 동반자로 살아가는 멋진 인생이 된다는 것입니다. 누가 그 복 있는 삶의 주인공이 될 수 있습니까? '주님의 꿈'과 '내 꿈'이 같아지기를 기도하는 자입니다. 주님이 좋아하는 것과 내가 좋아하는 것이 같아지기를 소원하는 자입니다. 딱 한 번 사는 인생인데 주님과 같은 꿈을 꾸고 주님과 같은 길을 간다는 것은 얼마나 아름다운 일입니까? 모든 민족을 제자로 삼고 싶어 하시는 주님의 꿈, 열방을 하나님의 나라로 만들고 싶어 하시는 주님의 꿈, 그 주님의 꿈이 곧 나의 꿈이 되기를 소원하십시오.

2. 꿈의 대가를 지불하겠다는 자세를 가지십시오

> 그러므로 내 사랑하는 형제들아 견실하며 흔들리지 말고 항상 주의 일에 더욱 힘쓰는 자들이 되라. 이는 너희 수고가 주 안에서 헛되지 않은 줄 앎이라. 〈고전 15:58〉

1908년, 25살의 한 미국인 처녀가 조선 땅에 들어와 복음을 전하던 중 자신을 파송한 텍사스 선교회에 한 통의 편지를 보냈습니다. 마지막 부분에 이런 문장이 있었습니다. "내게 천 개의 목숨이 있다면 그 모두를 조선에 바치고 싶습니다. 저를 위해 기도해 주십시오." 얼마 후, 그러니까 그녀가 조선에 발을 내디딘 지불과 8개월 만에 그녀는 가장 소중한 자신의 생명을 조선에 바칩니다. 그녀의 이름은 루비 캔드릭입니다. 서울 합정동 양화진 선교사 묘역에 있는 그녀의 묘비에 이렇게 새겨져 있습니다. “내게 천 개의 목숨이 있다면 그 모두를 조선에 바치고 싶습니다.” 꿈꾸는 사람은 많습니다. 그러나 진정 위대한 사람은 그 꿈을 위해 기꺼이 대가를 치르는 사람입니다. 복음 증거의 꿈을 위해 기꺼이 대가를 지불하십시오. 주님은 그것을 결단코 헛되게 하지 않으십니다. 그것이 우리의 배짱입니다.

3. 지금 한 영혼을 품으십시오

> 오직 성령이 너희에게 임하시면 너희가 권능을 받고 예루살렘과 온 유대와 사마리아와 땅 끝까지 이르러 내 증인이 되리라 하시니라. 〈행 1:8〉

무슨 일이든 시작하는 것이 중요합니다. 첫 걸음이 중요합니다. 주님의 의도를 보십시오. 먼저 제자들이 서 있는 땅 예루살렘에서부터 온 유대로, 그 다음 사마리아로, 그리고 마침내 땅 끝으로 나아가라고 하십니다. 가까운 곳에서 시작되어 먼 곳으로 퍼져가는 복음의 역사를 꿈꾸고 계십니다. 가장 가까운 사람에게 먼저 복음의 증인이 되기를 결심하십시오. 그리고 그 영혼을 품고 기도하기 시작하십시오. 성령님께서 도우십니다. 권세와 능력을 주십니다. '증인이 되리라'는 말은 '증인이 되라'는 의미도 있지만 실제로는 '증인이 되도록 만들어 주겠다'는 뜻이 훨씬 강합니다. 그것을 잊지 마십시오. 결단하면 되게 하십니다. 시작하면 되도록 만들어 주십니다.

열매 맺기

아래의 세 가지 질문 중 하나를 선택해서 나누어 봅시다.

1. 주님의 꿈과 내 꿈이 같아지는 것을 경험한 적이 있습니까? 구체적으로 나누어 보십시오.

2. 복음 증거를 위해 대가를 치러 본 적이 있습니까? 그것이 무엇이었습니까?

3. 지금 가슴에 품고 있는 전도 대상자가 있습니까? 그 사람이 누구입니까?

한 주간 약속

소그룹에서 서로 토의하여 자유롭게 만들어 봅시다.
예) 한 사람을 교회로 인도하기 위한 일정표(계획표) 만들어 보기

여덟째 마당

믿음으로 드리는 헌금

말라기 3:10-12

찬송 : 내 주 예수 주신 은혜(317장), 세상 모든 풍파 너를 흔들어(429장)

마음열기

엄마가 주일학교에 가는 철이에게 500원짜리 두 개를 주면서 "500원은 헌금하고 500원은 용돈으로 써라"고 했습니다. 신이 난 철이는 부지런히 교회를 향해 가다가 교회를 앞두고 그만 돌부리에 걸려 넘어졌고, 손에 쥔 두 개의 500원 중 하나가 또르르 굴러서 하수구 구멍에 빠지고 말았습니다. 그러자 철이는 아픔을 참고 일어서면서 이렇게 말합니다. "이를 어쩌나? 헌금할 500원이 하수구에 빠져버렸네!" 어떤 사람에게 헌금은 분명히 부담스러울 수 있습니다. 그런데 두 가지 기본만 확인하면 쉬워집니다. 하나는 모든 것이 주님께 달려 있다는 것이고 다른 하나는 그 주님이 나를 사랑하신다는 것입니다.

나는 주님의 주권과 나를 향한 주님의 사랑을 확신하고 있습니까?

성경과의 만남

말라기는 이스라엘의 회복을 꿈꾸고 있습니다. 그래서 말라기는 이스라엘 백성들을 향해 '주께로 돌아오라'고 외치고 있습니다. 아무것도 해 줄 수 없는 죽은 우상에 대한 미련한 집착을 버리고, 살아계신 하나님께로, 자기 백성을 위해 아들까지 내어주실 준비가 되어 있는 하나님께로 돌아오라고 부르짖고 있습니다. 말라기는 사람의 마음이 하나님을 향하고 있느냐 그렇지 않느냐를 보여주는 단적인 증거 중 하나가 '진실한 십일조'라고 말하고 있습니다. 말라기에 의하면 '진실한 십일조'를 드리는 자는 하나님의 지배를 받고 있는 자이며, '진실한 십일조'를 거부하고 있는 자는 욕심의 지배를 받고 있는 자입니다. 말라기는 외칩니다. "전능하신 하나님의 통치 안으로 돌아오라." 이제 우리는 어떻게 해야 합니까?

1. 모든 것이 하나님의 것이라는 그 '기본'으로 돌아와야 합니다

내가 네 집에서 수소나 네 우리에서 숫염소를 가져가지 아니하리니 이는 삼림의 짐승들과 뭇 산의 가축이 다 내 것이며 산의 모든 새들도 내가 아는 것이며 들의 짐승도 내 것임이로다. 내가 가령 주려도 네게 이르지 아니할 것은 세계와 거기에 충만한 것이 내 것임이로다. 〈시 50:9-12〉

하나님이 천지만물을 지으셨습니다. 내 생명도 하나님이 주셨습니다. 내게 있는 모든 것은 다 하나님께서 주신 것입니다. 은혜 아닌 것이 없습니다. 십일조는 모든 것이 하나님의 것이라는 우리 신앙의 고백입니다. 시편 50:9-12를 보십시오. 주님은 우리의 재물을 받고 싶어 하는 분이 아닙니다. 하나님은 조금도 부족함이 없는 분입니다. 하나님이 우리에게 받고 싶어 하는 것은 '모든 것이 하나님의 것'이라 고백하는 우리의 믿음입니다. '모든 것이 하나님께 달려 있다'고 확신하는 우리 신앙의 표현입니다. 정말 그렇습니다. 모든 것이 하나님의 것입니다. 모든 것이 하나님께 달려 있습니다. 물질이 우리를 행복하게 하는 것이 아닙니다. 오직 하나님이 우리를 복되게 하십니다.

2. 하나님이 나를 사랑하신다는 그 '기본'으로 돌아와야 합니다

> 만군의 여호와가 이르노라 너희의 온전한 십일조를 창고에 들여 나의 집에 양식이 있게 하고 그것으로 나를 시험하여 내가 하늘 문을 열고 너희에게 복을 쌓을 곳이 없도록 붓지 아니하나 보라. 〈말 3:10〉

하나님의 본심을 아십니까? 우리가 잘 되는 것입니다. 우리를 복되게 하셔서 기어이 '복의 통로'로 만들고 싶어 하십니다. 왜 그렇게 하십니까? 우리를 사랑하시기 때문입니다. 사랑하기에 주고 싶어 하십니다. 쌓을 곳이 없도록 복을 주고 싶어 하십니다. 때로 우리에게 고난과 아픔이 있습니다. 이스라엘이 포로 되었을 때 예레미야는 이렇게 주님의 마음을 선포했습니다. "주께서 인생으로 고생하게 하시며 근심하게 하심은 본심이 아니시로다"(애 3:33). 고난과 아픔을 주시는 이유도 결국 사랑하시기 때문입니다. 고치고 치유하고 새롭게 하셔서 복된 하나님의 사람으로 회복시키시려는 뜻입니다. 하나님은 우리가 하나님의 사랑을 신뢰한다는 최소한의 표현을 보고 싶어 하십니다. 그래서 만드신 규례가 십일조입니다. 십일조는 우리도 하나님을 사랑한다는 사랑의 고백입니다. 사랑하면 아까울 게 없습니다.

3. 이 복된 신앙 고백을 지금 시작해 보십시오

만군의 여호와가 이르노라 내가 너희를 위하여 메뚜기를 금하여 너희 토지소산을 먹어 없애지 못하게 하며 너희 밭의 포도나무 열매가 기한 전에 떨어지지 않게 하리니 너희 땅이 아름다워지므로 모든 이방인들이 너희를 복되다 하리라 만군의 여호와의 말이니라. 〈말 3:11-12〉

하나님은 우리를 열방 앞에서 하나님의 이름과 하나님의 영광을 드러내는 모델로 삼고 싶어 하십니다. 하나님의 말씀에 순종하면 얼마나 잘 되는지 표본으로 삼고 싶어 하십니다. 이제 하나님을 향한 신앙의 고백으로 십일조를 드려보십시오. 우리 인생의 땅이 아름다워집니다. 열매 맺는 옥토가 될 것입니다. 메뚜기와 같은 해충도, 우리의 열매를 노리는 어떤 세력도 함부로 할 수 없는 땅이 될 것입니다. 믿지 않는 자들도 '복되다'고 인정할 수밖에 없는 놀라운 인생이 됩니다. 물질의 노예가 되어, 물질의 지배를 받는 초라한 인생에서 벗어나고 싶지 않으십니까? 이제 만물의 주권자이신 하나님의 자녀로서, 하나님의 사랑과 은혜 안에 뛰노는 아름다운 인생을 시작하고 싶지 않으십니까? 오늘 주시는 하나님의 말씀에 순종해 보십시오. 놀라운 일이 일어날 것입니다.

열매 맺기

아래의 세 가지 질문 중 하나를 선택해서 나누어 봅시다.

1. 지금까지 십일조에 대한 나의 생각은 어떤 것이었습니까? 솔직하게 나누어 보십시오.

2. 십일조에 대한 하나님의 생각을 이해하시겠습니까? 십일조 규례를 만드신 하나님의 속마음은 무엇이라 생각하십니까?

3. 십일조 신앙에 대한 개인적인 간증이 있으십니까? 반드시 말씀대로 된다는 구체적인 증거가 나에게도 있습니까?

한 주간 약속

소그룹에서 서로 토의하여 자유롭게 만들어 봅시다.

예) 십일조 신앙에 대한 짧은 간증문 써보기, 혹은 십일조 신앙에 대해 지도자에게 질문해 보고 그 대답 적어 보기

2.
그리스도인의 예배생활

첫째 마당 예배하는 그리스도인 · **둘째 마당** 예배의 올바른 방법과 태도 · **셋째 마당** 말씀을 대하는 올바른 태도 · **넷째 마당** 보이는 말씀 성례 · **다섯째 마당** 기도와 찬양의 올바른 태도 · **여섯째 마당** 헌금의 올바른 태도 · **일곱째 마당** 하나님 안에서 성도의 교제 · **여덟째 마당** 성도의 교제의 목적과 결과

하나님이 이 땅에 세우신 교회는 예배 공동체, 교제 공동체입니다. 성도는 예배를 통해 이 땅에서 살아계신 하나님을 만나고, 이를 통해 이 땅에 존재하는 참 목적을 발견하게 됩니다. 예배 없는 인생은 인간이 창조된 목적을 상실한 존재일 뿐입니다. 이와 함께 성도는 교제를 통해 그리스도를 머리로 한 성도간의 한 몸 됨의 기쁨을 소유하며 살아가게 됩니다. 우리는 8주간의 이 과정을 통해 성도가 이 땅에서 누리는 가장 큰 기쁨과 행복을 발견할 수 있게 될 것입니다.

첫째 마당

예배하는 그리스도인

창세기 2:7-9, 이사야 43:7

찬송 : 빛나고 높은 보좌와(27장), 기뻐하며 경배하세(64장)

마음열기

K-pop 스타 방탄소년단(BTS)의 인기가 하늘을 치솟습니다. 이들의 노래는 큰 인기를 끌고 있고, 관련 산업의 수익은 엄청납니다. 방탄소년단이 공연을 개최하면 국내외를 막론하고 순식간에 매진됩니다. 공연시작 5-6시간 전부터 주변 식당, 카페에는 관람객들로 붐빕니다. 공연이 시작되면 화려한 조명, 웅장한 음악, 팬들의 환호성이 어우러져 공연장을 가득 채웁니다. 누군가는 기쁨으로 미소를 짓고 누군가는 감동으로 눈물을 흘립니다. 옆에 처음 보는 사람이 있더라도 같은 방탄소년단 팬이기 때문에 하나가 됩니다. 이런 모습은 흡사 '예배'를 떠올리게 합니다.

그리스도인 철학자 제임스 스미스는 인간을 '예배하는 인간'(Homo liturgicus)으로 부릅니다. 누군가는 인간을 '도구적 인간', '경제적 인간'으로 부릅니다. 도구를 사용하는 거나, 돈을 벌고 쓰는 것과 달리, '예배하는' 것은 잘 와 닿지 않습니다. 교회나 절에서 매일 예배하는 사람은 별로 없어 보이기 때문입니다. 하지만 앞서 방탄소년단 사례를 떠올리면, 무언가를 사랑/욕망하는 모습이 예배의 모습과 같다는 것을 알 수 있습니다. 이처럼 무언가를 사랑하고 욕망하는 모습은 예배하는 본성과 관련이 있습니다.

- 나는 무엇을 사랑/욕망하고 있습니까? 무엇을 예배합니까?
- 예배를 통해 하나님을 만날 때 어떤 기대와 흥분이 있습니까?

성경과의 만남

여러분은 인간은 어떤 존재라고 생각하십니까? 사람들은 인간이 어떤 존재인지 끊임없이 질문합니다. 요 최근에는 과학의 발전에 따라 인간이 유인원의 한 종류에서 우연히 진화되었다고 믿습니다. 그러나 그런 이론들은 왜 인간이 존재하는지, 어떤 목적을 위해 있는지는 전혀 설명하지 못합니다. 하지만 성경은 인간의 목적과 존재 이유를 분명히 알려줍니다.

1. 예배하는 존재인 인간

바울이 아레오바고 가운데 서서 말하되 아덴 사람들아 너희를 보니

범사에 종교심이 많도다. 〈행 17:22〉

사도 바울이 그리스 아테네(아덴)를 방문했을 때 일입니다. 고대 그리스 사람들은 많은 신들을 예배하고, 많은 신전을 건축했습니다. 심지어 '알지 못하는 신'을 위한 제단도 있었습니다. 이런 모습을 보고 바울은 종교심이 많다고 합니다. 이 말은 경건하다는 뜻일 수도 있고, 반대로 미신적이라는 뜻일 수도 있습니다. 그들은 신들을 사랑하고 예배했습니다. 경건하게 신들을 사랑한 것일 수도 있고, 신들로 대표되는 유익들(안전, 행운 등)을 욕망한 것일 수도 있습니다. 그러나 중요한 건 그들이 사랑/욕망하기 위해 예배했다는 것입니다. 모든 인간은 예배하는 존재입니다. 왜 인간은 예배하게 되었을까요?

2. 예배하기 위해 창조된 인간

이 백성은 내가 나를 위하여 지었나니 나를 찬송하게 하려 함이니라. 〈사 43:21〉

인간이 예배하는 존재가 된 이유는 무엇일까요? 그 이유는 바로 하나님께서 인간을 예배하는 존재로 창조하셨기 때문입니다. 인간은 세포에서 우연히 진화되어 생긴 것이 아닙니다. 하나님께서 자신을 예배하는 백성으로 삼기 위해 인간을 창조하셨습니다. 이 사실을 이사야 선지자가 알려주고 있습니다(참고 사 43:7). 이사야 선지자가 사용한 '찬송'이라는 단어는 단순히 노래 부르는 찬송이 아닙니다. 여기서 찬송은 하나님께서 (구원)하신 일을 기억하고 칭송하는 것을 뜻합니다(참고 출 15, 사 78). 바꾸어 말하면 하나님을 예배하는 것입니다.

하나님을 예배하는 존재로 창조된 인간이 하나님을 알지 못하니, 하나님 아닌 다른 것을 사랑/욕망합니다. 다른 것을 예배합니다. 그러나 우리 인간은 하나님을 예배하기 위해 지음받았습니다.

3. 날마다 예배하는 그리스도인

> 그들이 그에게 경배하고 큰 기쁨으로 예루살렘에 돌아가 늘 성전에서 하나님을 찬송하니라. 〈눅 24:52-53〉

예수님을 따르던 제자들이 부활하신 예수님을 만났습니다. 부활하신 예수님은 제자들에게 성경을 가르치시고 함께 식사하기도 하셨습니다. 그러나 아쉽게도 이별의 순간이 찾아왔습니다. 예수님께서 그들을 축복하시며 하늘로 승천하셨습니다. 그렇지만 제자들은 슬퍼하지 않았습니다. 제자들은 오히려 성전에서 날마다 하나님을 찬송했습니다. 이들 그리스도인의 모습이 예루살렘 교회로, 초대 교회로, 오늘날 교회로 이어졌습니다.

인간이 무언가를 사랑하고 욕망하는 것 곧 예배하는 것은 하나님께서 그렇게 창조하셨기 때문입니다. 인간이 예배하는 것은 너무나도 당연합니다. 하지만 하나님을 모르는 인간은 하나님 대신 다른 것을 예배합니다. 다른 신을 예배하기도 하고, 요즘에는 돈을 가장 많이 예배합니다. 그들의 예배 장소는 백화점, 쇼핑몰, 대형 마트입니다. 하지만 인간은 본래 구원하시는 하나님을 예배하게 하는 것이 마땅합니다. 이것을 웨스트민스터 대소교리문답 제1문에서 말하고 있습니다.

열매 맺기

아래의 세 가지 질문 중 하나를 선택해서 나누어 봅시다.

1. 나는 무엇을 사랑/욕망하고 있습니까? 이것이 하나님과는 무슨 관계가 있습니까?

2. 나는 하나님을 예배하기 위해 지어졌음을 믿습니까? 예배하기 위해 지어졌다는 것은 어떤 의미인지 나누어봅시다.

3. 나는 예배하는 것을 날마다 기쁨으로 하고 있습니까? 혹시 그렇지 않다면 무엇이 방해하는지 나누어봅시다.

한 주간 약속

소그룹에서 서로 토의하여 자유롭게 만들어 봅시다.

예) 교회의 공예배에 빠지지 않고 참여하기, 가정예배를 소중히 여기고 일주일에 두 번 이상 드리기

둘째 마당

예배의 올바른 방법과 태도

요한복음 4:21–26, 고린도전서 14:40

찬송 : 하늘에 가득 찬 영광의 하나님(9장), 주 우리 하나님(14장)

마음열기

교회에 처음 출석하기 시작한 그리스도인이 있었습니다. 이 사람은 예배에서 행하는 여러 순서에 대해 궁금증이 생겼습니다. '도대체 왜 앉았다 섰다 하는 거지?', '성시 교독은 뭐야?', '헌금을 꼭 예배 시간에 하는 이유는 뭘까?'

그는 자신을 전도한 친구에게 찾아가 여러 가지를 물었습니다. 그런데 놀랍게도 그 친구는 이렇게 말했습니다. "실은 나도 처음에 의문이 들었어. 하지만 다 그냥 그렇게 하는가 보다 하고 지금까지 지냈지. 자네도 금방 익숙해질 걸세."

- 예배를 드리는 나의 자세는 어떻습니까? 예배의 순서나 각 순서의 의미에 대해 잘 알고 있습니까?

성경과의 만남

인간은 하나님을 예배하기 위해 창조되었습니다. 하나님은 예배를 통해 우리와 만나주십니다. 만일 예배드릴 때 하나님이 원하는 방법이 아니라 우리가 원하는 방법대로 드린다면 어떻게 될까요? 우리의 상황과 만족에 따라 예배를 드린다면 큰 문제입니다. 하지만 이 큰 문제를 잘 알지 못합니다. 오늘 수가 성의 한 여인과 예수님의 대화를 통해, 하나님이 원하시는 예배의 방법과 태도가 무엇인지 살펴봅시다.

1. 예배의 외적인 것에 너무 집중하면 안 됩니다

> 우리 조상들은 이 산에서 예배하였는데 당신들의 말은 예배할 곳이 예루살렘에 있다 하더이다. 예수께서 이르시되 여자여 내 말을 믿으라. 이 산에서도 말고 예루살렘에서도 말고 너희가 아버지께 예배할 때가 이르리라. 〈요 4:20-21〉

수가 성 여인은 예배의 본질보다 예배의 외적인 것에 집중하였습니다. 그녀는 사마리아 사람들의 예배 장소였던 그리심 산과 유대인들의 예배 장소인 예루살렘을 비교하면서 예배를 드리는 장소에 관심을 집중했습니다. 그러나 예수님은 예배 장소와 같은 외적인 것보다 하나님께 드리는 예배 자체와 예배의 주인 되신 하나님께 더 관심을 집중하라고 말씀하셨습니다.

오늘날의 사람들 역시 예배의 외적인 것에 주목합니다. 사실상 하나님께 "예배하는 것"이 아니라 극장의 관객처럼 "예배를 보고" 있습니다. 이들의 관심은 건물은 얼마나 웅장한가, 목사님의 설교는 얼마나 감동스러운가, 음악은 화려한가 등에 집중합니다. 그래서 찬양의 화음이 이상하거나 목사님의 설교가 시원찮으면 "오늘 예배가 왜 이래"하고 불평을 합니다. 그러나 하나님의 관심은 이런 외적인 것보다 예배 그 자체와 예배하는 사람의 자세에 있다는 것을 명심해야 합니다.

2. 예배는 성령으로 드려야 합니다

> 아버지께 참되게 예배하는 자들은 영과 진리로 예배할 때가 오나니 곧 이 때라. 아버지께서는 자기에게 이렇게 예배하는 자들을 찾으시느니라. 〈요 4:23〉

그렇다면 예배의 올바른 방법과 태도는 무엇일까요? 먼저 우리는 성령 하나님의 인도하심을 따라 예배해야 합니다. 왜냐하면 예배의 주인은 사람이 아니라 삼위 하나님이시기 때문입니다. 우리가 아무리 열심히 예배를 드려도 하나님의 인도하심을 받지 않고, 하나님을 높이는 예배가 아니라면 그것은 하나님의 기쁨이 되지 못합니다. 이러한 모습은 출애굽한 이스라엘 백성들이 시내산에서 금송아지를 만들고 그 금송아지를 향해 하나님이라고 부르면서 열정적으로 예배했으나, 하나님께서 그러한 행위를 예배라고 하지 않으신 것과 같습니다. 그들은 보이지 않는 하나님을 자신들이 애굽에서 배운 방식대로 생각해서 금송아지를 만든 후, 이를 하나님이라 부르면서 예배 드렸습니다. 하나님의 뜻과 성품, 원하시는 방법과는 전혀 관계없이 예배한 것입니다. 그들 나름 애를 써서 예배했지만 돌아온 것은 하나님의 진노와 심판뿐이었습니다. 예배하는 우리 모두는 성령 하나님의 인도하심에 민감해야 합니다. 성령님의 인도에 따라 올바른 방향과 방법으로 예배해야 합니다.

3. 예배는 진리 가운데 드려야 합니다

모든 것을 품위 있게 하고 질서 있게 하라. 〈고전 14:40〉

진리 안에서 예배해야 합니다. 진리란 하나님의 말씀입니다. 하나님은 우리가 예배를 드릴 때 자신이 정한 방식대로 드리기를 원하십니다. 고린도교회에 전한 바울의 가르침은 시사하는 바가 큽니다. 고린도교회는 성령의 은사가 충만한 교회였습니다. 그러나 이러한 은사가 오히려 교회를 시험에 빠지게 하였습니다. 그들은 자신이 가진 은사를 자랑하면서, 하나님의 교회를 혼잡케 하였습니다. 하나님은 이런 고린도교회를 향하여 "모든 것을 품위 있게 하고 질서 있게 하라"(고전 14:40)고 말씀하셨습니다.

오늘날 교회도 마찬가지입니다. 우리의 예배도 진리 가운데 드려야 합니다. 하나님이 정한 방식으로 질서 있게 예배해야 합니다. 내가 하고 싶은 대로 드리는 것이 아닙니다. 내가 가진 은사 역시 교회의 덕이 되는 방향으로 사용해야 합니다. 교회의 공예배에 방해가 된다면 나의 은사 역시 절제해야 합니다. 진리가 없는 예배는 하나님의 교회와 성도에게 상처를 줄 뿐입니다.

열매 맺기

아래의 세 가지 질문 중 하나를 선택해서 나누어 봅시다.

1. 내가 예배 시간에 집중하는 것은 무엇입니까? 예배 외적인 것입니까, 하나님입니까?

2. 나는 성령의 인도를 따라 예배를 드리고 있습니까? 올바른 방향과 방법으로 예배하고 있습니까?

3. 나는 어떤 은사를 가지고 있습니까? 예배를 위해 질서 있게 은사를 사용하고 있습니까?

한 주간 약속

소그룹에서 서로 토의하여 자유롭게 만들어 봅시다.

예) 예배 시간에 딴 생각하지 않고 온전히 하나님께만 집중하여 예배드리기

셋째 마당

말씀을 대하는 올바른 태도

디모데후서 4:1-4, 데살로니가전서 2:10-13

찬송 : 주 예수 해변서(198장), 달고 오묘한 그 말씀(200장)

마음열기

어느 날 세계적인 복음전도자 빌리 그레이엄 부부는 텔레비전 쇼 진행자로부터 자택에서 인터뷰를 하자는 요청을 받았습니다. 빌리 그레이엄의 아내는 이 인터뷰 요청을 받고 난 뒤 2주 전부터 집안을 청소하기 시작했습니다. 그녀는 몇몇 친구의 도움까지 받아가면서 구석구석까지 열심히 청소를 하였습니다. 그리고 인터뷰 날이 되었습니다. 빌리 그레이엄의 아내는 자신감이 넘치는 표정으로 토크쇼 진행자를 만났습니다. 그녀는 방을 죽 둘러보면서 흠잡을 데 없이 완벽하다는 사실에 흐뭇해했습니다.

잠시 후 카메라가 좌우로 움직이기 시작했고, 대형 조명이 켜졌습니다. 바로 그 순간 빌리 그레이엄의 아내는 완전히 기겁을 했습니다. 가정용 조명에서는 완벽할 정도로 깨끗하게 보였던 '흠잡을 데 없는' 거실이었는데, 강력한 촬영용 조명이 켜지자 구석구

석의 거미줄, 벽난로의 검댕이, 식탁 밑에 수북이 쌓여있는 잡다한 먼지까지, 심지어 공기 중의 먼지마저도 환하게 드러났기 때문이었습니다.

- 나의 영혼에 촬영용 조명과 같이 강력한 하나님의 말씀의 빛이 비춰진다면 나의 모습은 어떻게 드러날까요?

성경과의 만남

예배는 다양한 요소로 구성되어 있습니다. 우리의 신앙을 고백하며, 찬양과 기도를 하며, 헌금을 합니다. 이 순서는 우리가 거룩하신 하나님께 올려 드리는 순서입니다. 반면 하나님의 말씀이 선포되는 설교는 하나님이 직접 우리에게 내려오는 순서입니다. 하나님이 인간 설교자의 입을 통해 하나님이 뜻하시는 바를 알리는 것입니다. 그럼에도 불구하고 말씀 선포를 하찮게 생각하는 사람들이 있습니다. 오늘 성경공부를 통해 말씀을 대하는 우리의 자세를 돌아봅시다.

1. 마지막 세대의 사람들은 하나님의 말씀을 싫어합니다

때가 이르리니 사람이 바른 교훈을 받지 아니하며 귀가 가려워서 자기의 사욕을 따를 스승을 많이 두고 또 그 귀를 진리에서 돌이켜

허탄한 이야기를 따르리라. 〈딤후 4:3-4〉

디모데후서는 사도 바울이 로마의 감옥에서 그의 삶을 마감하는 마지막 순간에 기록한 성경입니다. 이것은 사실상 바울의 유언과도 같은 말씀입니다. 사도 바울은 이 말씀에서 말세의 증상에 대해 명확히 밝히고 있습니다. 그것은 사람들이 바른 교훈인 하나님의 말씀을 받는 것을 싫어한다는 것입니다. 하나님의 말씀을 받지 않음으로 나타나는 자연스러운 현상은 하나님 나라의 법이 아닌 자신의 사욕을 따라 사는 것입니다.

우리는 종교개혁자들의 후손입니다. 16세기를 영적으로 뜨겁게 달구었던 칼뱅과 루터와 같은 종교개혁자들은 하나님의 말씀을 소중히 여겼습니다. 그들은 당시 교회 안에 만연한 성상과 미신적인 종교 의식을 제거하였습니다. 그러면서 그들이 소중히 여긴 것은 하나님의 말씀이었습니다. 그리고 하나님의 말씀을 선포하는 설교자들을 귀하게 여겼습니다. 그런데 오늘날은 어떠합니까? 오늘날의 성도들은 하나님의 말씀도 소중히 생각지 않고, 설교자들이 전하는 말씀도 '좋은 말씀', '권면의 말씀' 정도로 가볍게 여깁니다. 내가 들어서 좋은 말씀은 받아들이지만, 경고와 징계의 말씀은 거부합니다. 설교자가 이런 경고와 징계의 말씀을 선포하면 귀를 막고 들으려고 하지 않습니다. 이러한 모습은 사도 바울의 경고처럼 말세의 한 징표입니다. 말세의 사람들은 바른 교훈을 받지 않고, 하나님의 말씀을 듣기보다 허탄한 이야기를 더 좋아합니다(딤후 4:3-4). 우리는 이런 말세의 모습을 본받지 말아야 합니다.

2. 하나님의 말씀으로 받아야 합니다

이러므로 우리가 하나님께 쉬지 않고 감사함은 너희가 우리에게 들은바 하나님의 말씀을 받을 때에 사람의 말로 아니하고 하나님의 말씀으로 받음이니 진실로 그러하도다. 이 말씀이 또한 너희 믿는 자 가운데서 역사하느니라. 〈살전 2:13〉

데살로니가교회는 사도 바울이 그의 2차 선교 여행 중에 세운 교회입니다. 사실 바울이 데살로니가에 도착했을 때는 그가 이전에 머물렀던 빌립보에서 당한 고난과 능욕으로 인해 상처가 아직 아물지 못했을 때였습니다(살전 2:2). 그러나 그는 그곳에서 열심히 복음을 전하였고 많은 성과를 거두었습니다. 이런 데살로니가교회를 향해 사도 바울이 정말 기뻐하였던 것은 그들이 하나님의 말씀을 대하는 자세였습니다. 데살로니가교회의 교인들은 사도 바울이 전하는 말씀을 경청하였습니다. 특별히 그가 전하는 말을 사람의 말로 받지 않고 하나님의 말씀으로 받았습니다. 이런 말씀에 대한 자세는 데살로니가교회를 아름답고 빛나게 하였습니다.

이러한 모습은 하나님의 말씀을 받는 우리의 자세를 돌아보게 합니다. 우리는 보통 설교자가 전하는 메시지보다 설교자 자체에 집중할 때가 많습니다. 누가 설교를 하느냐에 따라 예배 만족도가 크게 달라지기도 하며, 예배에 참석하는 숫자도 차이가 납니다. 그러나 데살로니가교회 성도들이 이런 식으로 하나님의 말씀을 들었다면 그들은 굉장히 실망했을 것입니다. 바울은 외모가 형편없고, 크고 작은 병을 달고 다녔으며, 1차 선교 여행 중 마가의 실수를 용납하지 못하고 내칠 만큼 냉혹한 성격의 소유자였기 때문입니다. 그러나 그들은 이러한 바울의 외적인 면을 보지 않고 하나님의 말씀 자체에 집중했습니다. 우리 역시 설교자의 외면이 아니라 그의 입술을 통해 선포되는 하나님의 말씀에만 집중해야 합니다. 그렇게 할 때 예배에서 하늘 영광으로 내려오시는 하나님을 만나고, 그 하나님의 인도하심을 깨달을 것입니다.

열매 맺기

아래의 세 가지 질문 중 하나를 선택해서 나누어 봅시다.

1. 나는 목회자의 외적인 모습에 너무 집중하고 있지 않습니까? 말씀 속에 담겨진 하나님을 발견하고자 얼마나 노력하고 있습니까?

2. 나는 설교에 대한 기대를 가지고 있습니까? 예배 시간에 선포되는 말씀을 예배의 한 순서 정도로만 생각하지 않습니까?

3. 지난 주의 설교 내용을 기억하고 있습니까? 기억이 나지 않는다면 그 이유가 무엇일까요?

한 주간 약속

소그룹에서 서로 토의하여 자유롭게 만들어 봅시다.

예) 말씀 전하시는 목사님을 위해 기도하기, 하나님이 설교를 통해 나에게 주시는 말씀을 듣고 한 가지 이상 실천 목록 작성하기

넷째 마당

보이는 말씀 성례

마태복음 28:18-20, 사도행전 2:42

찬송가 : 영화로운 주 예수의(148장), 주 예수 해변서(198장)

마음열기

과거 학창 시절을 기억하면 전교생이 운동장에 모여 조례를 하는 장면이 떠오릅니다. 체육 선생님의 불같은 호령, 호령에 따라 줄과 간격을 맞춰 나란히 서기, 교장 선생님의 끝을 모르는 긴 훈화 말씀, 음악 선생님의 지휘에 따라 교가 부르기 등입니다. 여기에 맞춰 꼭 빠지지 않았던 것이 국민 의례였습니다. 국민 의례는 애국가 제창, 순국선열에 대한 묵념, 그리고 국기에 대한 경례로 구성된 국가 의식입니다. 이 의식을 진행하는 동안에는 괜히 마음이 뭉클해지고 국가를 위해 헌신하겠다고 다짐도 하곤 했습니다. 그런데 이런 국민 의례에 반대한 그리스도인들도 있었습니다. 하나님을 믿고 섬기기 때문에 태극기와 같은 우상에게 충성과 헌신을 맹세할 수 없었기 때문입니다. 이 분들은 예식 때 하는 서약의 힘이 크다는 것을 알았습니다.

- 하나님과 성도들 앞에서 한 서약을 지키기 위해서 얼마나 노력해야 할까요?
- 세례식이나 성찬식에 참여하면서 감격스러웠던 기억이 있습니까?

성경과의 만남

학교 조례에 있던 예식 순서에서도 마음이 뭉클해지고 헌신을 다짐한다면, 하나님께 드리는 예배 예식에서는 얼마나 더 마음이 뭉클해지고 헌신을 다짐할 수 있을까요? 특별히 우리 예배 순서에서 세례식과 성찬식이 그 순간입니다. 흔히 세례식과 성찬식이 특별한 기간, 특별한 순서로 이뤄지다보니 별도 순서 같아 보입니다. 하지만 세례와 성찬은 예배와 떼려야 뗄 수 없습니다. 오늘 말씀을 통해 하나님께서 주신 성례의 의미를 깨닫고 풍성히 누리시길 바랍니다.

1. 약속에 따라 주신 성례

맑은 물을 너희에게 뿌려서 너희로 정결하게 하되 곧 너희 모든 더러운 것에서와 모든 우상 숭배에서 너희를 정결하게 할 것이며 … 또 새 영을 너희 속에 두고 새 마음을 너희에게 주되 … 부드러운 마음을 줄 것이며 … 너희로 내 율례를 행하게 하리니 〈겔 36:25-27〉

세례와 성찬을 포함해 이 예식을 성례로 부릅니다. '성례'의 뜻은 거룩한 예식, 신비로운 예식이라는 의미이며, 다르게는 '보이는 말씀'으로 부릅니다. 눈으로 보고 몸으로 느끼기 때문입니다. 그렇다면 성례식은 누가 정한 것일까요? 말씀을 하나님께서 주신 것처럼, 성례도 하나님께서 주셨습니다. 오늘 말씀에서 맑은 물을 뿌린다고 합니다. 죄를 씻기고 순종하는 사람으로 다시 태어나게 하겠다고 하나님께서 약속하셨습니다. 예수님께서 이 약속에 따라 제자들에게 세례를 베푸셨고 제자들에게 세례를 베풀라고 명령하셨습니다. 하나님의 약속과 명령에 따라 오늘날도 여전히 세례를 시행합니다. 중세 로마 가톨릭교회는 약속이 없는 것 5가지를 추가해 성례를 7가지로 늘렸습니다. 이에 반대하여 종교개혁자들은 오직 약속에 따라 세례와 성찬만이 성례라고 가르쳤습니다. 이 가르침을 받은 우리 교회도 지금까지 세례와 성찬만을 성례로 인정하고 시행하고 있습니다.

2. 물로 씻기는 세례

> 너희는 가서 모든 민족을 제자로 삼아 아버지와 아들과 성령의 이름으로 세례를 베풀고 〈마 28:19〉

부활하신 예수님은 갈릴리로 모인 제자들에게 큰 명령을 주셨습니다. 모든 민족을 제자로 삼으라는 명령입니다. 이 명령에 포함된 것이 세례입니다. 예수님의 제자가 되려면 반드시 세례를 받아야 합니다. 세례를 받는다는 의미는 예수님의 죽음에 동참해 같이 죽고, 예수님의 부활에 동참해 같이 살아난다는 의미입니다. 우리의 죄가 씻기고 예수님의 의로 채워집니다. 이에 따라 다시는 죄로 향하지 않고 하나님의 말씀으로 향합니다. 말 그대로 다시 태어나는 것입니다. 세례를 받는다는 것이 이런 의미입니다. 그렇다면 세례를 대하는 우리의 태도는 어떤가요? 생일은 꼭 기억하고 풍성히 지키는데, 우리 인생이 바뀌고 새롭게 태어난 세례는 어떻게 대하나요? 또 세례 받은 이후 우리는 서약한대로 살고 있나요? 예배 때 물로 씻기는 세례를 기억하며 하나님 앞에 약속한대로 살아갑시다.

3. 천국 잔치를 맛보는 성찬

> 그들이 사도의 가르침을 받아 서로 교제하고 떡을 떼며 오로지 기도하기를 힘쓰니라 〈행 2:42〉

한국 교회에서 성찬식은 대체로 종려주일이나 정사일(금요일)에 시행합니다. 예수님께서 잡히시기 전 베푸신 식사를 그대로 지키려는 의도 때문일 것입니다(고전 11:24-25, 막 14:22-25). 이렇게 함으로써 우리를 위해 살이 찢기시고 피 흘리신 주님을 기억하기에 참 좋습니다. 그러나 성찬식은 예수님의 죽으심만 기억하지는 않습니다. 우리 주님께서는 부활하셨고, 하늘에 오르셔서 온 우주를 다스리고 계십니다. 하늘에 계신 주님의 몸과 피를 먹고 마시는 것이니, 우리가 예배 때 참여하는 성찬식은 천국 잔치를 이 땅에서 즐기는 것입니다. 천국 잔치를 이 땅에서 맛보는 것은 우리에게 큰 기쁨을 줍니다. 우리가 하늘에 속한 사람임을 몸으로 느낍니다. 함께 식사하는 성도들이 같은 하늘 식구임을 깨닫습니다. 하늘의 은혜를 받으니 이 땅에서 살아가는데 큰 힘을 얻습니다. 이렇게 풍성한 의미가 성찬식에 담겨 있습니다.

열매 맺기

1. 성례식이 있다는 광고를 볼 때 어떤 마음이 드십니까? 번거롭거나 기대가 없으십니까?

2. 세례(유아세례 포함)를 받은 사람을 왜 축하해야 합니까?

3. 성찬식을 대하는 태도는 어떻습니까? 그냥 시간 때우는 순서로 여기지는 않습니까?

한 주간 약속

소그룹에서 서로 토의하여 자유롭게 만들어 봅시다.

예) 올해 세례식, 성찬식이 언제인지 확인하고 일정표에 표시해두기

다섯째 마당

기도와 찬양의 올바른 태도

히브리서 13:15, 요한일서 5:14

찬송 : 내가 깊은 곳에서(363장), 큰 영광 중에 계신 주(20장)

마음열기

림 청(Lim Cheong)의 아버지는 캄보디아의 한 사원 앞에서 은으로 만든 우상을 팔아 생계를 유지했습니다. 그가 12세 되던 해, 그는 승려였던 삼촌을 찾아가 한 번이라도 기도가 응답된 적이 있느냐고 물었습니다. 삼촌은 잘 모르겠다고 말했습니다. 그 대답에 만족할 수 없었던 청은 한 기독교 선교사를 찾아가 같은 질문을 하였습니다. 그 선교사는 망설임 없이 하나님이 자신의 기도에 응답해 주셨던 몇 가지 사건을 이야기해 주었고, 그리스도 예수 안에 있는 하나님의 사랑에 대해 들려주었습니다. 청은 살아계시고 기도에 응답하시는 하나님을 섬기기로 결단했습니다. 이 사실을 알게 된 아버지는 열두 살짜리 아들에게 "썩 나가서 그놈의 예수와 함께 살아!"하며 그를 내쫓았습니다.

쫓겨난 청을 하나님께서 돌보셨고, 후에 그는 캄보디아 동족을 섬기기 위해 목사가 되었습니다. 청의 아버지도 자신이 만들던 우상과 아들이 믿는 예수님 사이에서 고민하다 결국 예수님을 그의 자신의 구주로 모셨습니다. 청은 아버지가 하나님을 믿기 전 했던 "네 하나님께 가서 돌봐 달라고 하라니까!"는 말을 떠올렸습니다.

- 나는 기도의 능력을 믿습니까? 하나님 뜻 가운데 간구함으로 응답받은 일들을 나누어보세요.

성경과의 만남

하나님께서 설교로 우리에게 오신다면, 우리는 기도와 찬양으로 하나님께 다가갑니다. 우리는 기도와 찬양을 통해 우리의 예배를 받으시는 삼위 하나님을 높여드립니다. 하나님은 우리가 드리는 찬양과 기도를 기쁘게 받으십니다. 이 과를 통해 예배 중 하나님께 드리는 우리의 기도와 찬양이 어떠해야 하는지 살펴보시기 바랍니다(물론 찬송은 노래로 하는 찬송보다 넓은 의미입니다. 이번 과에서는 예배와 일상에서 노래로 부르는 찬송에 집중하려고 합니다).

1. 찬송은 신자의 의무이며, 은혜에 대한 감사의 표현입니다

그러므로 우리는 예수로 말미암아 항상 찬송의 제사를 하나님께 드

리자. 이는 그 이름을 증언하는 입술의 열매니라. 〈히 13:15〉

우리는 하나님을 예배하기 위해 창조되었습니다. 예배를 통해 하나님의 이름을 높이며, 하나님을 기뻐하는 것이 우리의 마땅한 의무입니다. 우리는 국가에 대해 권리만 주장하고, 의무는 다하지 않는 사람을 미성숙한 시민이라고 말합니다. 마찬가지로 하나님 나라의 백성인 우리 중에도 미성숙한 성도가 있을 수 있습니다. 그 사람이 다하지 않은 의무가 바로 찬송입니다. 하나님이 우리를 창조하신 목적이 우리가 하나님을 찬송하는 것이라면 우리는 항상 찬송을 하나님께 올려드려야만 합니다. 찬송은 우리의 의무임과 동시에 하나님의 은혜에 대한 자연스러운 반응입니다. 만약 의무감으로 우리가 예배 중 찬송을 한다면 그 찬송은 하나님께 기쁨이 되지 못할 것입니다. 이런 찬송은 우리의 영혼을 시들게 할 뿐입니다.

우리의 영혼을 새롭게 하며, 하나님을 높여드리는 찬양을 드리고자 할 때 우리의 자세는 어떠해야 할까요? 첫째, 성도들은 자신이 노래하는 찬양 가사의 뜻을 충분히 이해하고 곡조에 맞추어 마음을 다해 찬양해야 합니다. 오늘날 많은 사람들이 찬양의 가사에는 별 관심 없이 곡조에만 관심을 기울이곤 합니다. 하지만 어떤 내용인줄도 모르고 우리의 감정을 자극하는 것에만 관심을 기울이는 것은 매우 위험한 일입니다. 둘째, 예배 중 찬양은 연습을 충분히 하는 동시에 온 교회가 다함께 아름답게 불러야 합니다. 특정인만이 좋아하는 리듬이나 가사는 공예배의 찬양으로 적합하지 않습니다. 예배 중 찬송은 남녀노소 모든 세대가 함께 부를 수 있고, 은혜 받을 수 있는 곡이 좋습니다.

2. 기도는 겸손히 하나님의 뜻을 구하는 것입니다

> 그를 향하여 우리가 가진 바 담대함이 이것이니 그의 뜻대로 무엇을 구하면 들으심이라. 〈요일 5:14〉

하나님께 올리는 기도 역시 예배의 특별한 부분인데, 이는 예배에 참석한 모든 사람에게 요구되는 것입니다. 많은 사람이 예배 중 기도를 예배 인도자나 대표 기도자 홀로 드리는 것으로 오해하지만, 예배 중 드리는 기도는 기도자가 예배에 참석한 모든 사람들을 대표하여 하나님께 기도하는 것입니다. 그러므로 함께 예배하는 모든 회중은 대표 기도자와 같은 마음으로 하나님을 향한 존경과 겸손함, 그리고 열정과 사랑의 마음을 가지고 기도에 동참해야 합니다. 그리고 기도자의 간구에 강하고 확신에 가득 찬 '아멘'으로 동감을 표해야 합니다. 왜냐하면 예배는 참석한 모든 구성원들이 함께 하나님께 우리의 소원을 올려드리는 것이기 때문입니다.

특별히 예배 시 드리는 대표기도의 내용은 어떠해야 할까요? 첫째, 하나님의 뜻이 무엇인지 살피며, 하나님의 뜻에 순종하겠다는 기도가 되어야 합니다. 위대한 종교개혁자 칼뱅은 우리의 개인적 이익이 사라진다고 해도 하나님의 이름이 거룩하게 되기를, 또 그의 영광과 관련한 어떤 소원도 그치지 말아야한다고 말했습니다. 나의 소원과 하나님의 뜻이 충돌할 때는 하나님 아버지의 뜻에 순종하는 법을 배워야만 합니다. 하나님은 우리가 이렇게 하나님의 뜻을 구하는 기도를 드릴 때 우리의 기도를 기쁘게 받고 응답하십니다(요일 5:14). 둘째, 대표 기도자는 성도의 소원을 대표하여 하나님께 올려드리는 것이므로 자신만이 아는 듯한 표현과 언어로 기도해서는 안 되며, 기도자 개인의 욕구와 필요를 요청해서도 안 됩니다. 또한 다른 사람들을 가르치려는 듯한 기도를 드려서도 안 됩니다. 가능하다면 기도문을 사전에 작성하는 것이 좋습니다. 하나님이 행하신 일을 찬양하며, 우리의 허물과 죄악을 고백하고, 성도들의 긴급한 기도제목이 담긴 기도가 되어야 합니다.

열매 맺기

아래의 두 가지 질문 중 하나를 선택해서 나누어 봅시다.

1. 내가 즐겨 부르는 찬송은 무엇입니까? 그 찬송을 부를 때 내 마음에 일어나는 감동은 무엇입니까?

2. 나의 기도 자세를 돌아보십시오. 나는 하나님의 뜻에 순종하는 기도를 드리고 있습니까? 혹시 하나님의 뜻보다 나의 뜻을 구하는 기도가 더 많지 않습니까?

한 주간 약속

소그룹에서 서로 토의하여 자유롭게 만들어 봅시다.
예) 가사의 의미를 묵상하며 찬송하기, 하나님의 뜻에 순종하는 기도문 작성하기

여섯째 마당

헌금의 올바른 태도

고린도후서 9:6-8

찬송 : 면류관 벗어서(25장), 내게 있는 모든 것을(50장)

마음열기

어느 날 한 농부가 기쁨에 차서 그의 아내와 가족들에게 가장 좋은 암소가 새끼 두 마리를 낳았다는 기쁜 소식을 전했다. 그러면서 한 마리는 붉고, 한 마리는 흰 송아지라고 했다. 농부는 아내에게 이러한 제의를 했다. “여보, 이 두 마리 중 한 마리는 주님께 드려야 한다는 느낌이 들지 않소? 우리 이 두 마리를 같이 길러서 때가 되면 그 중 한 마리를 팔아 주님을 위하여 헌금합시다.” 농부의 말을 들은 아내는 그가 주께 바치겠다고 하는 송아지가 어떤 것이냐고 질문하였다. 농부는 대수롭지 않게 대답했다. “그런 일에는 신경을 쓰지 말아요. 두 마리를 같이 길렀다가 때가 되면 우리가 말한 대로 합시다!”

몇 개월이 지났다. 농부는 매우 거북한 얼굴로 집에 돌아왔다. 무엇 때문에 걱정하고 있느냐는 아내의 질문에 농부는 이렇게 대답했다. "당신에게 나쁜 소식을 전해야겠소. 주님의 송아지가 죽었소." 아내는 의아스럽게 생각하면서 물었다. "아니, 당신은 어떤 것이 주님의 것이라는 결정을 하지 않으셨잖아요?" 그는 시무룩해서 이렇게 대답했다. "나는 마음속으로 흰 놈을 드리려고 했단 말이야. 그런데 흰 놈이 죽었다니까! 주님의 송아지가 죽은 것이야!"

- 내가 하나님께 드리는 것은 무엇입니까? 나의 물질, 시간, 계획, 인간관계, 습관 등 정말 소중한 것을 하나님께 드리고 있습니까?

성경과의 만남

오늘날 헌금에 대한 설교와 가르침이 교회에서 사라지고 있습니다. 돈을 중시하는 시대에 교회에서 헌금을 가르치면 성도들이 싫어하고 결국 교회를 떠난다는 이유 때문입니다. 그러나 헌금은 찬송과 기도와 함께 예배에 참석한 모든 예배자가 반드시 드려야할 정성입니다. 구약에서부터 예배자는 항상 자신의 귀중한 것을 하나님께 드림으로 예배에 참석했습니다. 그렇다면 예배자가 헌금을 드리는 올바른 태도는 무엇일까요?

1. 헌금을 드릴 때 외식된 마음을 버려야만 합니다

> 화 있을진저, 외식하는 서기관들과 바리새인들이여 너희가 박하와 회향과 근채의 십일조는 드리되 율법의 더 중한 바 정의와 긍휼과 믿음은 버렸도다. 그러나 이것도 행하고 저것도 버리지 말아야 할 지니라. 〈마 23:23〉

예수님 당시 서기관들과 바리새인들은 헌금을 드림에 있어 철저히 외식적인 행동을 했습니다. 그들은 백성들의 지도자로서 하나님께 철두철미한 십일조를 드렸습니다. 그러나 아쉽게도 그들의 헌금 드림은 철저히 위선으로 가득 찼습니다. 그들은 헌금을 받으시는 하나님을 바라보기보다 사람들의 눈을 의식하여 예물을 드렸습니다. 이런 외식된 행동을 보신 예수님은 "너희가 박하와 회향과 근채의 십일조는 드리되 율법의 더 중한 바 정의와 긍휼과 믿음은 버렸도다"라고 책망하셨습니다.

하나님은 우리가 헌금을 드릴 때 우리의 마음 중심을 보십니다. 우리가 얼마나 많은 헌금을 드렸느냐보다 어떤 마음으로 드렸느냐를 보십니다. 그래서 우리 주님은 한 가난한 과부가 드린 두 렙돈(오늘날 돈 가치로 볼 때 1000원 정도)을 부자가 드린 많은 헌금보다 더욱 귀중히 보셨습니다(막 12:41-44). 우리는 헌금을 드릴 때 다른 사람들을 의식하면서 드리는 외식된 자세를 즉시 버려야 합니다. 목사님이나 장로님들로부터 인정을 받고, 그들을 기쁘게 하기 위해 헌금을 드리는 것이 아니라 오직 하나님을 기쁘시게 하고, 하나님 나라를 위해 귀히 사용되기를 바라는 마음으로 드려야 합니다. 이것이 하나님의 백성이 헌금을 드리는 기본자세입니다.

2. 헌금은 자원하는 마음과 즐거운 마음으로 드려야 합니다

각각 그 마음에 정한 대로 할 것이요 인색함으로나 억지로 하지 말지니 하나님은 즐겨 내는 자를 사랑하시느니라. 〈고후 9:7〉

사망의 깊은 수렁에서 나를 구원해 주신 하나님께 나의 가장 소중한 것을 드리는 행위가 바로 헌금입니다. 사랑하는 사람을 위해 자신의 가장 소중한 것을 드릴 때 아까워하는 사람은 없습니다. 아주 귀하고 좋은 것을 주려고 하고, 이러한 것을 주지 못했을 때 아쉽고 미안한 마음이 듭니다. 그리고 선물 받은 사람이 기뻐하는 것을 보면서 선물을 준 자신 역시 기뻐하는 것을 보고 내가 그 사람을 사랑하는 줄 압니다. 반면 한 사람을 진정으로 사랑하지 않는다면 절대로 그 사람을 위해 나의 가장 귀한 것을 주지도 않을뿐더러, 주고서도 기쁨이 없습니다. 왜냐하면 사랑하지 않기 때문에 자기의 귀한 것을 빼앗겼다고 생각하기 때문입니다.

헌금도 마찬가지입니다. 하나님이 나의 가장 소중한 분이시기에 우리는 헌금을 드림에 있어 자원하는 마음으로 드립니다. 누가 시켜서 하거나, 눈치를 보거나, 압력을 받아 헌금을 드리지 않습니다. 나를 죄악에서 구원해주시고, 나의 인생의 소망이 되시는 사랑하는 하나님을 위해 내가 가진 가장 소중한 것을 드립니다. 사도 바울이 고린도교회의 성도들에게 흉년이 들어 어려움에 처한 유대의 성도들을 위해 헌금을 준비하라고 권면합니다. 이때 미리 작정하고 준비하고, 억지로 할 것이 아니라 자원하여 하라고 합니다. 왜냐하면 어려움에 처한 성도들은 마땅히 사랑해야 할 하나님의 백성이기 때문입니다.

이때 우리의 마음은 기쁨으로 가득 차게 됩니다. 나의 왕이신 그분이 나의 소중한 것을 받으시고, 웃음 짓는 모습을 생각할 때 나도 행복해지기 때문입니다. 하나님 역시 즐겁게 헌금하는 사람을 사랑하십니다. 헌금은 이렇듯 성도들에게 부담을 주는 예배 순서가 아니라, 예배 중에 임재하신 하나님과 예배자가 서로 사랑을 고백하며 웃음 짓게 하는 순서입니다.

열매 맺기

아래의 두 가지 질문 중 하나를 선택해서 나누어 봅시다.

1. 헌금을 드릴 때 나의 자세는 어떠합니까? 하나님이 내 헌금을 받으시고 어떤 표정을 지으실 것 같습니까?

2. 헌금을 할 때 기쁨이 있습니까? 혹시 억지로 하거나 아까운 마음으로 하지는 않습니까?

한 주간 약속

소그룹에서 서로 토의하여 자유롭게 만들어 봅시다.

예) 이번 주에 드릴 헌금을 미리 봉투에 넣어 놓기, 예물과 함께 나의 삶도 받아달라고 기도로 준비하기

일곱째 마당

하나님 안에서 성도의 교제

요한일서 1:3–7

찬송 : 내 주의 나라와(208장), 주 믿는 형제들(221장)

마음열기

용서와 화해의 의미는 다시 만나는 것이다. 하나님은 우리를 만나 주셨고, 그 사랑의 하나님은 다시 우리로 하여금 관계의 폐허 속에 있는 다른 사람들을 만나게 하신다. 페르시아의 시인 루미(Rumi)의 말처럼 "폐허가 있는 곳에 보물이 묻혀 있을 수 있다." 우리가 하나님과 연합하면 그분은 우리가 관계의 보물을 캐낼 수 있도록 도우신다.

고전 영화 〈내일을 향해 쏴라〉에 보면 버치와 선댄스가 찰거머리 같은 현상금 사냥꾼들한테 쫓겨 궁지에 몰린다. 그들을 피하려면 강으로 뛰어내리는 수밖에 없다. "뛰자." 버치가 말한다. "아니." 선댄스가 권총을 꺼내며 말한다. "우린 싸운다." "그러다 죽는다." "그래도 싸운다." 버치가 이유를 캐묻자 선댄스는 수영을 못하기 때문이라고 말한다. 그러자 버치는 "뛰어내리면 그나마 살 가망이라도 있다"며 부추긴다. 달리 뾰족한 수가 없었다. 버치의 격려에 힘입어 선댄스는 뛰어내린다. 모험이었다. 힘든 일이었다. 그러나 둘은 뛰어들었고 함께 강 위에 떠올랐다. 그리고 함께 자유를 얻었다.

- 나는 성도의 참된 교제를 나누고 있습니까?
- 나를 미워하는 사람까지 품고 용서하며, 그리스도 안에서 참된 교제를 위해 내가 포기하고 뛰어들어야 할 부분은 무엇입니까?

성경과의 만남

예배는 하나님과 성도 간에 누리는 교제도 포함합니다. 예배를 통해 하나님과 교제하고 성도끼리도 교제합니다. 그렇다면 그리스도인의 교제는 어떠해야 할까요? 오늘날 교회는 과거에 비해 교제가 더 중시되고 있습니다. 교회의 사명을 말할 때 '교제'를 본질적 사명으로 말하기도 합니다. 그러나 사람들의 오해 중 하나는 '성도의 교제'를 사람들끼리 모여서 밥 먹고, 자신의 관심사를 나누고, 함께 즐기는 모임 정도로 생각하는 것입니다. 그러나 성경이 지향하는 교제는 이런 '친목모임' 정도가 아닙니다. 그렇다면 참된 그리스도인의 교제는 무엇일까요?

1. 그리스도인의 교제, 하나님 아버지와 예수 그리스도와 더불어 누려야 합니다

우리가 보고 들은 바를 너희에게도 전함은 너희로 우리와 사귐이 있게 하려 함이니 우리의 사귐은 아버지와 그의 아들 예수 그리스도와 더불어 누림이라. 〈요일 1:3〉

하나님이 우리를 창조하신 목적이 무엇일까요? 그것은 우리와 사랑의 교제를 갖기 위해서입니다. 성도 간에 사귐이 없는 교회, 즉 사랑의 교제가 없는 교회는 생명력이 없는 죽은 교회입니다. 그만큼 교제는 참 교회를 이루는 중요한 요소입니다. 그러나 더욱 중요한 것은 이러한 사귐이 하나님과 그의 아들 예수 그리스도와 관계있는 것이어야 한다는 점입니다. 사실 하나님 아버지는 그의 아들 예수 그리스도와 끊임없이 교제하셨습니다. 아들이 성육신하실 때도 아버지와 아들은 함께 하셨고, 예수님이 공생애 사역을 시작하기 전 세례 요한에게 세례를 받으실 때도 하나님은 당신의 아들을 보시고 "이는 내 사랑하는 아들이요 내 기뻐하는 자라"(마 3:17)고 말씀하셨습니다. 그리고 공생애 사역 내내 하나님 아버지와 기도로 교제하시며 하나님 아버지의 뜻에 순종하셨습니다. 우리 주님은 이처럼 철저히 하나님 아버지와 교제하셨습니다.

이는 우리 그리스도인들의 교제가 어떠해야 하는지를 보여줍니다. 하나님의 아들 예수 그리스도조차 하나님과 교제하기를 기뻐하시고, 그 교제의 끈을 놓지 않았다면 우리 역시 하나님과 교제를 해야만 합니다. 하나님 없는 교제는 성경이 말하는 교제가 아닙니다. 하나님 아버지를 주님으로 모신 교제, 하나님의 성품과 사역을 함께 나누는 교제, 하나님이 주신 아름다움을 서로 나누는 교제가 성경이 말하는 교제입니다. 이 교제가 먼저 예배에서 일어납니다. 예배에서 하나님 아버지와 풍성한 교제를 누리십시오.

2. 그리스도인의 교제, 빛이신 주님 안에서 행해야만 합니다

> 그가 빛 가운데 계신 것 같이 우리도 빛 가운데 행하면 우리가 서로 사귐이 있고 그 아들 예수의 피가 우리를 모든 죄에서 깨끗하게 하실 것이요 〈요일 1:7〉

사도 요한은 하나님을 어떤 분으로 묘사합니까? 그는 하나님을 어두움과 대척점에 서 있는 빛이라고 합니다(요일 1:5). 빛이신 하나님은 이 세상의 어두움과 함께 할 수 없는 분입니다. 그런데 우리가 하나님과 사귄다고 하면서 빛이신 하나님과 관계없는 어두움의 행동을 한다면 그것은 거짓말을 하고 진리를 행치 않는 것입니다. 그렇다면 성경이 말하는 하나님의 빛의 속성은 무엇입니까? 그것은 의(신 32:4), 거룩함(사 6:3; 계 15:4), 선하심과 진실함이 풍성한 것(출 34:6) 등입니다. 하나님에게는 조금도 불결한 것이 없습니다. 조금도 불의한 것이 없습니다. 이 세상이 그래도 소망이 있는 것은 의로우신 하나님이 이 땅을 다스리고 있기 때문입니다.

빛이신 하나님은 우리를 향해 빛의 자녀라고 하십니다. 그리고 빛의 자녀인 우리에게 당신의 기대를 표하십니다. 사랑하지 않으면 기대와 요구도 없습니다. 하나님은 우리에게 큰 기대를 하십니다. 그것은 빛이신 주님의 마음을 잘 드러내어 빛의 자녀처럼 행하라는 것입니다(엡 5:8). 성도의 교제는 바로 빛이신 주님 안에서 행하는 것입니다. 빛이신 주님 안에서 마음껏 뛰어놀고, 주님이 가르치신 진리 안에서 자유하는 것입니다. 우리의 말과 행동 등에서 주님이 빠지면 그것은 주님이 원하시는 교제가 아닙니다. 우리의 생각과 말, 행동이 빛이신 주님이 기뻐하는 의로운 모습으로 드러나는 것, 그것이 성도가 마땅히 취할 참 교제의 모습입니다. 나는 빛이신 주님 안에서 행동하고 있습니까? 하나님이 보시기에 더럽고 추한 모습은 없습니까? 우리의 교제 가운데 빛과 관계없는 더러운 모습이 있다면 즉시 버리십시오.

열매 맺기

아래의 두 가지 질문 중 하나를 선택해서 나누어 봅시다.

1. 하나님이 우리 모임을 보실 때 어떻게 평가하실까요? 우리는 하나님을 우리 모임의 주인으로 인정하고, 하나님이 행하신 일들을 찬양하고, 높이는 말을 얼마나 하고 있습니까?

2. 우리 모임의 생각, 말, 행동은 빛이신 하나님이 보시기에 얼마나 깨끗한가요? 세상의 불의한 모임 같은 모습은 없습니까?

한 주간 약속

소그룹에서 서로 토의하여 자유롭게 만들어 봅시다.

예) 한 주간 동안 하나님이 기뻐하시는 생각과 말, 그리고 행동하기

여덟째 마당

성도의 교제의 목적과 결과

로마서 12:4-21

찬송 : 네 맘과 정성을 다하여서(218장), 사랑하는 주님 앞에(220장)

마음열기

유명한 성경 교사이며 주석가인 윌리엄 바클레이는 섬김의 의미에 대해 이렇게 말했다. “세상은 사람을 평가할 때, 얼마나 많은 사람을 지배하고 있느냐, 손가락 하나로 오라 가라 할 사람이 얼마나 되느냐로 기준을 삼는다. 또는 지적인 수준과 학문적인 탁월함, 임원을 맡고 있는 모임이 몇 개인지를 따지기도 한다. 또 많은 이들은 은행 잔고와 자산, 물질적 소유가 어느 정도인지에 따라 그 사람의 위대함을 가늠한다. 그러나 예수님이 내리시는 평가는 그런 것들과는 전혀 상관이 없다. 주님의 평가 기준은 오직 한 가지이다. 얼마나 많은 사람을 섬기고 있는가이다. 그 속에 위대함이 있다.”

• 사람들을 평가하는 나의 기준은 무엇입니까? 윌리엄 바클레이가

말한 평가 기준에 동의합니까? 혹시 동의하지 못한다면 나의 기준은 무엇입니까?

성경과의 만남

하나님 안에서 교제의 목적은 무엇일까요? 그리고 그 결과는 어떠할까요? 우리는 이미 성도의 교제는 세상의 친교모임 정도가 아님을 배웠습니다. 하나님은 성도의 교제를 통해 바라시는 것이 있습니다. 하나님이 원하시는 이 기대와 소원은 무엇일까요? 그리고 이 교제를 통해 어떤 결과가 일어날까요?

1. 교제의 목적은 한 몸이 되어 그리스도의 몸을 세우는 것입니다

우리가 한 몸에 많은 지체를 가졌으나 모든 지체가 같은 기능을 가진 것이 아니니 이와 같이 우리 많은 사람이 그리스도 안에서 한 몸이 되어 서로 지체가 되었느니라. 〈롬 12:4-5〉

성도는 그리스도를 머리로 하여 서로 한 몸이 되었습니다. 한 몸이 된 우리는 성도의 교제를 통해 그리스도의 몸을 세워가야만 합니다. 한 몸이 된다는 의미는 서로를 존중히 여기며, 다른 지체의 아픔이 나의 아픔이 되고, 다른 지체의 기쁨이 내 기쁨이 된다는 것입니다.

오늘날 교회의 문제점은 한 몸 됨의 의미를 잘 깨닫지 못하고 있다는 데 있습니다. 자기중심적인 신앙생활이 점점 팽배해져가고 있습니다. 성도 중 한 명이 교회나 구역에 잘 나오지 않아도 전화를 하거나 심방을 하려고 하지 않습니다. 개인과 가정에 큰 문제가 발생해도 내 일이 바빠 돌아볼 생각을 하지 않습니다. 이런 모습은 그리스도 안에서 한 몸이 된다는 의미를 깨닫지 못한 행동입니다. 결국 이런 극도의 개인주의적인 모습은 그리스도의 몸을 허약하게 만들고 맙니다. 하나님은 성도의 아름다운 교제를 통해 그리스도 안에서 한 몸이 되어 그리스도의 몸을 아름답게 세우기를 원하십니다.

2. 교제의 결과 1: 내게 주신 은사로 성도와 교회를 잘 섬기게 됩니다

> 우리에게 주신 은혜대로 받은 은사가 각각 다르니 혹 예언이면 믿음의 분수대로, 혹 섬기는 일이면 섬기는 일로, 혹 가르치는 자면 가르치는 일로, 혹 위로하는 자면 위로하는 일로, 구제하는 자는 성실함으로, 다스리는 자는 부지런함으로, 긍휼을 베푸는 자는 즐거움으로 할 것이니라. 〈롬 12:6-8〉

성도의 교제의 결과는 무엇일까요? 그것은 함께 협력하여 성도를 세우는 것입니다. 사도 바울은 우리에게 하나님이 주신 은사가 각각 다르다고 합니다. 그래서 예언의 은사, 섬기는 은사, 가르침의 은사, 위로의 은사, 구제의 은사, 다스림의 은사, 긍휼을 베푸는 은사를 받은 각자는 자신이 받은 은사를 잘 사용하여 다른 지체를 섬겨야 한다고 합니다. 하나님이 주신 은사를 자세히 살펴보면 내가 잘 되고 사람들로부터 인정을 받기 위한 것이 아닙니다. 이 은사는 철저히 성도와 교회를 섬기기 위한 것입니다.

그러므로 우리는 하나님이 나에게 주신 은사를 가지고 구역에서 잘 섬기는 경쟁을 벌여야 합니다. 그러기 위해서 먼저 하나님이 주신 은사를 잘 발견하고, 개발해야 합니다. 나의 섬김을 통해 다른 성도들이 웃음을 짓고, 행복해 질 수 있도록 열심을 내야 합니다. 특별히 이러한 섬김에는 남녀노소의 구분이 없어야 합니다. 섬김은 여자 성도들이나 청년들에게만 부여된 것이 아닙니다. 그리스도인의 섬김은 의무가 아니라 특권임을 명심해야 합니다.

3. 교제의 결과 2: 세상과 핍박하는 사람까지 섬기게 됩니다

> 너희를 박해하는 자를 축복하라. 축복하고 저주하지 말라. 〈롬 12:14〉

성도의 교제는 교회 안에서, 그리고 성도들 안에서만 이루어지는 것이 아닙니다. 성도의 교제는 교회와 성도를 뛰어 넘어 세상을 향해 나아가야 합니다. 특별히 우리를 미워하는 사람들에게까지 미쳐야 합니다. 사도 바울은 이 점을 명백히 밝히고 있습니다. 세상 사람들의 기준은 박해하는 자를 그냥 두지 않고 그대로 갚아주는 것입니다. 이것은 자신의 물리적인 힘의 행사든지, 아니면 법을 통해서든지 피해를 받으면 그냥 있지 않는 것입니다. 그러나 성도는 세상의 방식과 다른 방식을 사용해야 합니다. 그것은 우리를 핍박하는 사람을 오히려 축복하는 것입니다. 그리고 세상을 사랑으로 섬기는 것입니다. 우리 주님이 하늘의 사람에게 주신 기준대로 원수가 주릴 때 먹이고, 목마를 때 마시게 해야만 합니다. 이런 세상을 향한 섬김을 통해 하나님의 교회는 세상과 구별되며, 세상을 변화시킬 힘을 얻게 됩니다.

열매 맺기

아래의 세 가지 질문 중 하나를 선택해서 나누어 봅시다.

1. 내가 하나 되지 못하고 있는 사람이나 생각은 무엇입니까? 하나 됨의 의미를 생각하면서 내가 먼저 다가갈 수는 없을까요?

2. 나는 섬김 받는 일에 너무 익숙하지 않습니까? 지금까지 잘 섬기지 못한 부분을 점검해 보세요.

3. 정말 용서하기 싫은 사람은 누구입니까? 그 사람을 어떻게 하면 사랑할 수 있을까요?

한 주간 약속

소그룹에서 서로 토의하여 자유롭게 만들어 봅시다.
예) 내가 꼭 섬겨야 할 사람을 정해 편지를 쓰고, 그 사람의 필요를 채워주기

3. 그리스도인의 가정생활

첫째 마당 하나님이 세우신 가정 · **둘째 마당** 부부관계에서 아내의 역할 · **셋째 마당** 부부관계에서 남편의 역할 · **넷째 마당** 올바른 부모와 자녀의 관계 · **다섯째 마당** 가정의 경건생활 · **여섯째 마당** 교회를 섬기는 가정 · **일곱째 마당** 새로운 가족에 대한 자세 · **여덟째 마당** 불신가족의 전도

가정은 하나님이 만드신 첫 조직입니다. 에덴동산에서 하나님은 독처하는 아담을 보시고는 좋지 않게 생각하셨습니다. 하나님은 당신이 만드신 모든 창조물을 보시고, "좋았다"라고 하셨지만 아담이 독처하는 것은 그렇지 않았습니다. 그래서 하나님은 아담과 하와의 결혼을 통해 가정을 만들어주신 것입니다. 가정은 결혼을 통한 부부 관계뿐만 아니라 하나님이 주신 상급인 자녀들과의 관계, 그리고 새로운 가족 공동체 등 수많은 관계로 맺어져 있습니다. 하나님은 이러한 가족 공동체에서 천국의 모습이 나타나기를 기대하고 있습니다. 그러한 하나님의 기대를 우리는 이 단원을 통해 배우게 됩니다.

첫째 마당

하나님이 세우신 가정

창세기 2:18–25

찬송 : 사철에 봄바람 불어 잇고(559장), 주의 곁에 있을 때(401장)

마음열기

벌새는 새 가운데 가장 작은 새입니다. 그 중 가장 작은 종(種)은 길이 5cm, 무게 1.8kg 정도입니다. 공중에 정지한 상태로 꿀을 따먹으려면 부지런히 날개짓을 해야 합니다. 많게는 1초에 80번을 퍼덕거립니다. 엄청난 에너지가 필요한 일입니다. 조류학자 존 몰턴은 이렇게 말합니다.

"사람이 그 정도의 동력을 내려면 하루에 햄버거 1,300개를 먹고, 심장은 1분에 1,260번을 뛰어야 한다. 결국 체온은 385℃로 올라가 온 몸이 타버릴 것이다."

이 격정적인 새는 고작 1년의 짧은 생을 불같이 살다 갑니다. 가둬 두면 살지 못합니다. 먹잇감으로 잡힌 극한 상황에서는 스트레스를 이기지 못하고 몇 초 만에 죽습니다.

신비한 일을 벌이기도 합니다. 아메리카 벌새 중에는 꽃을 찾아 3,200km를 이주하는 종류도 있습니다. 한 번의 비행으로 멕시코 만을 건너 800km를 날아갑니다. 에너지를 많이 쓰는 이 작은 새가 어떻게 그 먼 거리를 날 수 있을까요? 과학은 아직 이렇다 할 답을 찾지 못했습니다.

• 이 땅에는 신비로운 일들이 많습니다. 내가 생각하는 가장 큰 신비는 무엇일까요?

성경과의 만남

태초에 하나님이 가정을 만드셨습니다. 하나님이 만드신 에덴동산에는 풍성함이 넘쳤습니다. 아담이 어떤 대상을 향해 부르는 것이 그 이름이 될 만큼 아담은 하나님의 대리통치자로서의 사명을 감당했습니다. 그러나 그에게 부족한 것이 하나 있었습니다. 그것은 바로 그와 함께 하는 배우자가 없다는 것이었습니다. 그래서 하나님은 아담으로부터 갈빗대를 취하여 하와를 만드셨습니다. 그리고 이 둘을 연결하심으로 첫 가정을 만드셨습니다. 이 시간에는 하나님의 신비 중의 신비인 가정의 진면목에 대해 알아보도록 하겠습니다.

1. 가정을 만드신 분은 하나님입니다

여호와 하나님이 이르시되 사람이 혼자 사는 것이 좋지 아니하니 내가 그를 위하여 돕는 배필을 지으리라 하시니라 〈창 2:18〉

첫 가정을 만드신 분은 하나님입니다. 한 가정이 이루어지기 위해서는 여러 가지가 있어야 하겠지만 다른 모든 것이 없더라도 남편과 아내는 꼭 있어야만 합니다. 그런데 에덴동산에서 하나님은 처음에 남자인 아담만을 만들었습니다. 가정의 구성 요소로 볼 때 아내가 없는 것은 불완전입니다. 하나님은 이런 불완전함에 대해 "사람의 홀로 있는 것이 좋지 않다"(창 2:18)고 하십니다. 그러나 선한 창조를 생각하면 이런 불완전함은 완성을 기대하게 합니다.

결국 하나님은 아담을 깊이 잠들게 한 후 그의 갈빗대 하나를 취하여 여자를 만드십니다. 그리고 그를 아담에게 데려오게 합니다. 하나님께서는 결혼이라는 제도를 통해 어떤 것보다 더욱 아름다운 가정을 만드셨습니다. 하나님이 만드신 첫 제도가 바로 결혼이며, 하나님이 만드신 이 가정 제도는 그 어떤 것으로도 파괴할 수 없습니다.

2. 하나님이 세운 가정은 행복해야 합니다

아담이 이르되 이는 내 뼈 중의 뼈요 살 중의 살이라 이것을 남자에게서 취하였은즉 여자라 부르리라 하니라 〈창 2:23〉

사람은 어떤 존재입니까? 많은 말을 할 수 있지만 창세기 1:27을 보면 정확히 나옵니다. "하나님이 자기 형상 곧 하나님의 형상대로 사람을 창조하시되 남자와 여자를 창조하시고" 성경은 우리가 하나님의 형상으로 창조되었다고 합니다. 여기서 '형상'이란 단어의 영어 단어는 '아이콘'입니다. 아이콘하면 컴퓨터 화면이 가장 먼저 떠오르실 겁니다. 바탕 화면에 있는 작은 아이콘을 클릭하면 큰 화면으로 이동합니다. 만약 익스플로러(Internet explore)라는 작은 아이콘을 누르면 인터넷이라는 무궁무진한 바다로 이동합니다. 하나님이 '우리'를 당신의 작은 아이콘으로 만드셨습니다. 그렇다면 우리를 찍으면 누가 나타나야 할까요? 하나님의 모습이 나타나야만 합니다. 우리를 찍으면 사랑의 말이 나오고, 인자와 자비와 공의의 모습이 나와야만 합니다.

가정도 마찬가지입니다. 하나님이 세우신 가정은 아담의 고백처럼 서로를 향해 "내 뼈 중의 뼈요 살 중의 살이라"라는 고백이 나와야만 합니다. 이런 행복한 모습이 하나님이 세우신 가정의 본 모습입니다.

3. 하나님이 세운 가정은 둘이 한 몸을 이루는 것입니다

이러므로 남자가 부모를 떠나 그의 아내와 합하여 둘이 한 몸을 이룰지로다 〈창 2:24〉

결혼의 신비는 주례자이신 하나님의 인도를 따라 남편과 아내가 부모를 떠나는 것에서 출발합니다. 그리고 남편과 아내가 한 몸을 이루는 것입니다. 이것은 육체적인 하나가 된다는 의미와 함께 이제 부부 사이에 어떤 것도 끼어들어서는 안 된다는 것을 의미합니다. 부모가 정말 소중하나 하나님이 계획하신 가정은 부모를 떠나, 남편과 아내가 진정으로 하나가 되는 것에서 완성됩니다.

아직도 남편과 아내 간에 떠나야 할 것에서 떠나지 못함으로 하나님이 세우신 가정이 든든히 서지 못하는 것은 하나님의 원래 계획이 아닙니다. 하나님이 원하시는 가정은 하나님을 머리로 모시고, 남편과 아내가 서로 하나가 될 때 이루어집니다.

열매 맺기

아래의 세 가지 질문 중 하나를 선택해서 나누어 봅시다.

1. 하나님이 우리의 가정을 세우셨다는 것을 인정한다면 우리 가정의 어떤 모습이 변해야 할까요?

2. 우리 가정의 행복을 빼앗아가고 있는 여우와 같은 무엇이 있습니까?

3. 아직도 부부가 하나 되지 못하게 하는 것은 무엇입니까?

한 주간 약속

소그룹에서 서로 토의하여 자유롭게 만들어 봅시다.
예) 남편과 아내에게 사랑한다고 문자 보내기

둘째 마당

부부관계에서 아내의 역할

에베소서 5:22–24

찬송 : 예수 따라가며(449장), 십자가를 질 수 있나(461장)

마음열기

한 농부가 있었습니다. 밤늦게 논에 물을 대어놓고 다음날 아침 나가 보았더니 물이 다 빠져나가고 없었습니다. 밤새 힘들여 끌어올린 물을 빼 간 사람이 있었던 것입니다. 화가 났지만 성경 말씀을 떠올리며 참기로 했습니다. 다음날 또 다시 물을 끌어 올렸습니다. 그런데 또 같은 일이 벌어졌습니다. 몇 번이나 같은 짓이 되풀이 되었습니다. 그래도 일흔 번씩 일곱 번 용서하라는 가르침을 따라 용서하기로 결심했습니다. 문제는 이렇게 해를 끼친 사람을 용서해 주었는데도 마음에 평화가 없었던 것입니다. 더 이상 참을 수 없었던 농부는 목사님을 찾아가 물었습니다.

"저는 보복을 한 일도 없고 다 용서해 주었는데도 왜 제게는 기쁨이 없습니까?"

그때 목사님이 이렇게 말했습니다.

"직접 물을 대주기 전에는 기쁨도 평화도 찾아오지 않습니다."

- 남편을 대하는 나의 자세는 어떠합니까?
- 내 마음에 남편을 향한 불평과 불만이 있다면 왜 그럴까요?

성경과의 만남

'여권 신장,' '여성 해방'이라는 말들이 우리 사회에 들리곤 합니다. '여권'(女權)이라는 말도 최근에 생긴 말인 만큼 지금까지 우리 사회는 여성에 대한 관심이 미약했습니다. 우리 사회는 아직도 여성에 대한 관심과 배려, 그리고 권익 증진을 위해 노력해야만 합니다. 그러나 오늘날 곳곳에서 파열음처럼 들려오는 소리는 부부간에 있어 여성의 역할에 대한 오해에서 비롯되고 있습니다. 성경은 부부 관계에서 아내의 역할을 무엇이라고 말하고 있을까요?

1. 아내의 머리는 남편임을 명심해야 합니다

이는 남편이 아내의 머리 됨이 그리스도께서 교회의 머리 됨과 같음이니 그가 바로 몸의 구주시니라 〈엡 5:23〉

우리의 몸은 여러 가지 기관을 가지고 있습니다. 머리, 눈, 코, 팔, 다리, 장기 등 우리 몸은 수많은 기관으로 구성되어 있습니다. 그런데 그 중에 어느 기관이 더 중요하다고 꼭 집어 말할 수 있을까요? 모든 기관은 다른 기관과 함께 자기가 해야 할 분야에서 제 역할을 해야 합니다. 성경은 아내의 머리가 남편이요, 남편의 머리는 그리스도요, 그리스도의 머리는 하나님이라고 말씀합니다(고전 11:3). 그러므로 아내는 남편의 머리됨을 인정해야만 합니다. 남편의 머리됨을 인정하지 않고, 이것을 무시하는 것은 하나님의 창조질서를 파괴하는 행위입니다. 이것은 남녀 간의 차별을 둔다거나, 역할의 높고 낮음을 말하는 것이 아닙니다. 남편의 머리됨은 창조의 법칙이며, 행복한 가정을 이루는 기초가 됩니다.

2. 아내는 남편의 돕는 배필입니다

> 여호와 하나님이 이르시되 사람이 혼자 사는 것이 좋지 아니하니 내가 그를 위하여 돕는 배필을 지으리라 하시니라 〈창 2:18〉

성경은 부부관계에 있어 아내의 역할을 명확히 밝힙니다. 그것은 돕는 배필이라는 것입니다. 여기에 사용된 '돕는'이라는 히브리어 단어는 '*에젤*'이라는 단어입니다. 이 단어는 일상적인 단어라기보다 신적 용어로, 하나님을 수식하는 단어로 많이 사용되었습니다. 예를 들어, “하나님은 우리의 피난처시오 힘이시니 환난 중에 만날 큰 도움이시라(시 46:1)” 그런데 사람에게서 딱 한 번 사용되었는데 바로 여기입니다. 즉, 여자는 남편을 돕기 위해 하나님이 보낸 존재입니다. 여인은 아담을 망하게도 할 수 있고, 아니면 하나님이 우리 인생을 돕듯이 아담을 도울 수도 있습니다. 부부간에 있어 아내는 이 역할을 감당해야만 합니다. 남편을 돕고, 남편을 세우는 역할을 감당해야만 합니다.

3. 남편에게 복종해야 합니다

> 그러므로 교회가 그리스도에게 하듯이 아내들도 범사에 자기 남편에게 복종할지니라 〈엡 5:24〉

부부간에 불화를 겪고 있는 가정을 살펴보면 대부분 누구도 지기 싫어하는 것 때문에 이런 갈등과 불화가 일어납니다. 신혼 때는 모든 것이 좋고, 서로를 위해 어떤 것을 하더라도 기쁨이 넘쳤습니다. 그러나 시간이 지나면서 서로 지기 싫어하고, 모든 문제에서 서로 이기려고 시도합니다. 그래서 이런 기싸움에 시간을 소비하고, 결국 가정이 파괴되곤 합니다.

그러나 성경은 먼저 아내에게 교회가 그리스도에게 하듯이 자신의 남편에게 복종하라고 합니다. 이것은 비록 남편이 부족해도 하나님의 창조질서를 따라 남편을 머리로 인정하고, 그 남편에게 복종하는 것입니다. 그것도 교회가 우리 주님이신 그리스도에게 복종하듯이 하라고 합니다. 이러한 복종은 무한복종으로 아내된 우리 모든 그리스도인이 유념해야 할 필수불가결한 모습입니다. 대접받기를 원함과 남편을 지배하고자 하는 지배욕은 사탄이 우리에게 심겨준 독초입니다. 이런 독초는 빨리 뽑아버리는 것이 우리 영혼과 가정의 건강을 위해 긴급히 필요합니다.

열매 맺기

아래의 세 가지 질문 중 하나를 선택해서 나누어 봅시다.

1. 나는 가정에서 남편의 머리됨을 인정하고 있습니까?

2. 나는 남편의 돕는 베필로서 남편의 어떤 면을 실제적으로 돕고 있습니까?

3. 지금 긴급하게 영적으로 결정해야 할 문제는 무엇입니까? 부족하지만 남편의 머리됨을 인정하고 그 결정을 따를 수 있겠습니까?

한 주간 약속

소그룹에서 서로 토의하여 자유롭게 만들어 봅시다.

예) 남편을 있는 그대로 인정하고, 매일 순종하는 말 한 마디씩 하기

셋째 마당

부부관계에서 남편의 역할

에베소서 5:25-28

찬송 : 내 영혼이 은총 입어(438장), 내 모든 소원 기도의 제목(452장)

마음열기

중년 남편이 부인에게 "여보, 사랑해"하고 문자 메시지를 보낸다는 것이 그만 '랑'을 잘못 입력하는 바람에 "여보, 사망해"라고 보내고 말았습니다.

이 이야기를 듣고 있던 사람들의 머릿속이 복잡하게 움직이기 시작했습니다.

'저런, 끔찍한 일이….'

'그 남편 된똥 쌌겠다.'

'혹시 진짜 속마음이 아니었을까?'

그런데 한 분은 이렇게 말했습니다.

"혹시 사망할 정도로 사랑한다는 고백이 아니었을까?"

• 부부 관계에서 아내를 향한 나의 진정한 마음은 무엇입니까?

• 나는 어떤 말로 아내를 세워주고 있습니까?

성경과의 만남

지난 주 우리는 성경이 말하는 아내의 역할을 보면서 아내된 분들은 "이게 뭐야"라며 왠지 모를 불만스러움을, 남편은 "바로 이거야"라는 희열을 느꼈을지 모릅니다. 이러한 상반된 모습은 타락한 우리의 모습이 아닐까 합니다. 성경의 원리는 부부간에 있어 사랑과 섬김이라는 두 축이 무너지면 결단코 행복한 부부관계가 이루어질 수 없다고 말합니다. 특별히 가정의 머리인 남편들에게 더욱 막중한 역할과 책임을 요구하고 있습니다.

1. 남편은 아내를 사랑해야 합니다

> 남편들아 아내 사랑하기를 그리스도께서 교회를 사랑하시고 그 교회를 위하여 자신을 주심 같이 하라. 〈엡 5:25〉

성경이 남편을 향해 아내의 머리라고 하는 것은 아내를 지배하는 대상으로 여기라는 것이 결코 아닙니다. 성경은 오히려 머리된 남편들에게 아내를 사랑하라고 합니다. 여권이 많이 신장된 오늘날과는 달리 당시 여성의 역할과 권리는 너무나 미약했습니다. 여성은 사람 숫자에도 넣지 않았고, 법정에서 여성의 증언은 어떠한 경우에도 인정받지 못하였습니다. 그리고 남편은 여성에게 여러 이유를 대서 이혼을 요구할 수도 있었습니다.

이런 시대 분위기 가운데서 하나님은 남편들에게 아내를 사랑하라고 요청합니다. 이것은 그 당시로는 혁명과도 같은 말씀이었습니다. 아내를 그냥 버리고 싶을 때 버릴 수 있는 대상이 아니라 사랑의 대상으로 보라는 것입니다. 아내는 나의 소중한 신체의 일부이며, 아담의 고백처럼 "내 뼈 중의 뼈요 살 중의 살"입니다(창 2:23). 이 사랑은 세상의 통속적인 사랑이 아니라 자신의 모든 것을 줄 수 있는 사랑이어야 합니다.

2. 아내를 위해 자신의 생명까지 줄 수 있어야 합니다

> 남편들아 아내 사랑하기를 그리스도께서 교회를 사랑하시고 그 교회를 위하여 자신을 주심 같이 하라. 〈엡 5:25〉

하나님께서 남편들을 향해 주시는 아내 사랑의 깊이는 우리의 상상을 초월합니다. 그 사랑의 깊이에 대해 성경은 "그리스도께서 교회를 사랑하시고 그 교회를 위하여 자신을 주심 같이 하라"고 합니다. 예수님은 당신의 교회를 위해 모든 것을 주셨습니다. 그 모든 것에는 당신의 고귀한 '생명'까지 포함됩니다. 당신의 교회를 너무 사랑하셔서 예수님은 십자가 위에서 온 몸의 피를 쏟으시고, 사람들로부터 모든 모멸과 고통을 받으며 죽으셨습니다.

그런데 바로 그 죽음까지도 불사하는 사랑을 주님은 남편에게 요구하십니다. 이러한 사랑의 요구는 아주 막중하고, 큽니다. 남편된 나는 아내를 얼마나 사랑하고 있습니까? 남편과 아내의 관계를 두고 누군가는 '마주보고 누우면 가장 가까운 사이지만, 돌아서 누우면 지구를 한 바퀴 돌아야 만날 수 있는 관계'라고 합니다. 이런 부부관계를 하나님이 원하시는 단계까지 이르게 하려면 우리 주님처럼 생명까지 줄 수 있는 사랑이 필요합니다.

3. 남편은 아내를 빛나게 하는 사람이 되어야 합니다

> 자기 앞에 영광스러운 교회로 세우사 티나 주름 잡힌 것이나 이런 것들이 없이 거룩하고 흠이 없게 하려 하심이라. 〈엡 5:27〉

바울 사도는 그리스도를 남편으로, 교회를 아내로 비유합니다. 주님은 당신의 교회를 영광스럽게 나타내서 티나 주름이 없는 거룩하고 흠이 없게 하겠다고 하십니다. 주님은 당신의 교회가 세상을 밝게 비추며, 세상 가운데서 흠이 없는 존재가 되게 하십니다.

이는 부부관계에서도 마찬가지입니다. 아내를 빛나게 하는 것은 다른 어떤 사람이 아닌 남편입니다. 남편의 섬김과 헌신, 인정과 격려는 아내를 보석보다 더욱 밝게 빛나게 할 것입니다. 아내를 향한 멸시와 무시 그리고 거친 말과 행동은 아내를 더욱 왜소하게 만들고 부부관계를 파탄에 이르게 합니다. 남편은 아내가 깨어지기 쉬운 보배와 같은 존재로 인정하고 빛나게 해야 합니다. 그러할 때 그 밝은 빛이 남편까지 밝게 할 것입니다.

열매 맺기

아래의 세 가지 질문 중 하나를 선택해서 나누어 봅시다.

1. 나의 아내 사랑은 어떠합니까? 결혼 전의 모습과 지금의 모습을 비교해 보십시오.

2. 아내를 위해 나의 모든 것을 포기할 수 있겠습니까?

3. 아내를 더욱 빛나게 하는 나의 말과 섬김이 무엇이 있는지 생각해 보십시오.

한 주간 약속

소그룹에서 서로 토의하여 자유롭게 만들어 봅시다.

예) 아내에게 장미와 함께 사랑의 선물을 전하며, 사랑의 고백하기

넷째 마당

올바른 부모와 자녀의 관계

에베소서 6:1–4

찬송 : 예수 사랑하심을(563장), 겸손히 주를 섬길 때(212장)

마음열기

뮤지컬 〈루카스〉는 2001년 캐나다 토론토 '데이브레이크'(Daybr-eak) 공동체에서 일어난 실화를 바탕으로 제작되었습니다. 발달장애인으로서 아기를 임신한 앤디와 줄리 부부는 "자기 이름도, 아기 이름도 쓸 줄 모르면서 애는 낳아 뭐 하냐"는 주위의 비난을 뒤로하고 태어나면 15분밖에 살 수 없는 아들 루카스를 낳습니다.

"사랑해 봤어? 사랑하는 사람을 아프다고 버릴 수 있어?" 극중 앤디가 거듭되는 좌절로 인해 회의적이게 된 아내 줄리에게 한 말입니다. 앤디의 아들 루카스는 뇌가 두개골 밖으로 빠져나와 태어나자마자 15분 만에 죽을 운명이었습니다. 하지만 앤디는 끝까지 포기하지 않고 기도를 쉬지 않습니다.

앤디는 아들이 태어날 날을 손꼽아 기다리며 실을 이용한 100

가지가 넘는 놀이와 세상에서 가장 아름다운 노래를 준비합니다. 매일매일 연습한 글자, 루카스(LUCAS)를 출생신고서에 직접 적으며 기뻐하는 앤디. 앤디는 아들 루카스가 태어난 지 17일 후 죽기 전 "모든 사람들의 영혼에는 보이지 않는 실이 있어. 다른 이를 찾아가 실을 엮어 주면 한 가족이 되지. 영혼의 실을 이을 때 우리의 마음은 하나가 된단다"라는 노래를 불러 주었습니다.

• 나는 자녀에 대해 어떤 기대를 가지고 있습니까?

성경과의 만남

우리나라 말에 '내리사랑'이라는 말이 있습니다. 이 말은 손아랫사람에 대한 손윗사람의 사랑, 특히, 자식에 대한 부모의 사랑입니다. 속담에는 "내리사랑은 있어도 치사랑은 없다"는 말도 있습니다. 이 말은 윗사람이 아랫사람을 사랑하기는 하여도, 아랫사람이 윗사람을 사랑하기는 좀처럼 어렵다는 말입니다. 그러나 성경은 남편과 아내뿐만 아니라, 부모와 자녀의 관계에서도 쌍방 간에 책임이 있다고 합니다. 이 관계와 책임을 배워보도록 하겠습니다.

1. 자녀는 부모에게 순종해야 합니다

> 자녀들아 주 안에서 너희 부모에게 순종하라 이것이 옳으니라 네 아버지와 어머니를 공경하라 이것은 약속이 있는 첫 계명이니 〈엡 6:1-2〉

부모와 자녀의 관계에 있어 중요한 것은 부모의 권위를 인정하는 것입니다. 이 권위는 절대적인 것입니다. 요즘 세대들은 부모님뿐만 아니라 모든 권위를 인정하려고 하지 않습니다. 부모님께 투덜대고 짜증내고 대들고 거역합니다. 그러나 성경이 타협하지 않고 말하는 부모 상(像)은 하나님께서 세우신 절대적인 권위자입니다. 그러므로 부모를 거역하는 것은 하나님을 거역하는 것입니다. 성경은 말세의 특징 중 하나가 부모를 거역하는 풍조라고 말합니다(딤후 3:2). 자녀인 우리는 하나님이 세우신 부모님께 거역하지 말고 순종해야만 합니다.

자녀인 우리가 또 기억해야 할 것은 부모의 권위를 인정하고 순종할 때, 존경심에서 우러나오는 마음으로 순종해야 합니다. 단순히 부모이기 때문에 순종하는 것이 아닙니다. 어떤 자녀들은 순종을 부모에 대한 존경심이 없이 단순히 말을 들어주는 것쯤으로 생각하곤 합니다. 그러나 모든 부모는 자녀들을 위해 자신의 생명까지 주는 사랑으로 양육했습니다. 이러한 마음은 하나님이 부모들에게 자연스럽게 심어주신 것입니다. 우리가 자녀라면 노(老) 부모들을 이런 존경심으로 사랑해야 합니다. 그리고 내가 부모라면 우리의 자녀들이 억압과 회초리에 의해 순종하게끔 하지 말고, 사랑과 섬김으로 자녀들이 자연스럽게 부모를 존경하도록 해야 합니다. 하나님은 이런 건강한 부모와 자녀 관계가 우리 가정에서 있기를 원합니다.

2. 부모는 교양과 훈계로 양육해야 합니다

또 아비들아 너희 자녀를 노엽게 하지 말고 오직 주의 교훈과 훈계로 양육하라 〈엡 6:4〉

성경은 자녀가 부모에게 순종해야 한다고 하는 동시에 부모는 자녀를 사랑하라고 합니다. 그렇다면 부모가 해야 할 사랑은 어떤 걸까요?

첫째, 하나님이 우리를 사랑하신 것과 같은 무조건적인 사랑입니다. 이 사랑에는 '만약'(if)이란 존재하지 않습니다. 자녀가 "만약 … 해야 사랑한다"는 사랑이 아닙니다. 주님이 우리를 위해 생명까지 주신 무조건적인 사랑으로 자녀를 사랑해야 합니다. 그래야 자녀도 순종합니다.

둘째, 자녀의 마음을 살펴서 진정한 필요를 채워줘야 합니다. 에베소서 6:4에서 자녀를 노엽게 말라는 것은 부모 방식대로 사랑하고, 부모 방식대로 생각하지 말고 자녀들의 마음을 채워주라는 것입니다.

셋째, 하나님을 경외하는 사람다운 사람으로 키우는 것입니다. 주의 교양과 훈계로 양육하라는 말씀대로 부모는 모든 면에서 신앙교육을 우선으로 해야 합니다. 그리고 난 후 사람 됨됨이를 갖추도록 하는 인성교육을 해야 합니다. 이 모든 것 다음이 지식교육입니다. 오늘날 우리 주변을 돌아보면 이 모든 것이 거꾸로 뒤집혔습니다. 하나님을 경외하는 것을 우습게 생각하는 사람들이 많아지고 있습니다. 자녀들이 세상에서 떵떵거리며 성공하기를 바라기 때문에 신앙교육보다 지식교육에 더욱 많은 시간과 재정을 투자합니다. 그러나 가정의 부모들은 세상의 어떤 것을 포기하더라도 신앙교육을 포기할 수는 없습니다.

다시 한 번 우리가 기억해야 할 것은 자녀들은 우리의 '소유'가 아니라는 것입니다. 자녀는 하나님이 우리 부모에게 위임하신 하나님의 '선물'입니다. 그러므로 이 자녀를 부모인 나의 교훈과 훈계가 아니라 하나님의 교훈과 훈계로 가르쳐야만 합니다. 그리고 자녀는 부모의 권위와 은혜를 알고 순종해야만 합니다. 부모는 자녀 교육에 대한 전권을 하나님으로부터 받았기 때문입니다. 이런 성경적 관계를 명확히 할 때 성경적인 부모와 자녀 관계가 설 수 있습니다.

열매 맺기

아래의 세 가지 질문 중 하나를 선택해서 나누어 봅시다.

1. 자녀들이 부모의 말에 잘 순종합니까? 그렇지 않다면 왜 그렇다고 생각합니까?

2. 자녀들을 세상의 방식이 아닌 하나님의 방식으로 가르치기 위해 더욱 힘쓸 부분은 무엇입니까?

3. 우리의 자녀들에게 지금 가장 필요한 것은 무엇입니까? 그들이 힘들어하고 있는 것을 어떻게 도울 수 있을까요?

한 주간 약속

소그룹에서 서로 토의하여 자유롭게 만들어 봅시다.

예) 자녀들에게 책망과 비판의 말보다 사랑과 격려의 말하기

다섯째 마당

가정의 경건생활

사도행전 10:1-2

찬송 : 주 예수보다 더 귀한 것은 없네(94장), 나의 기쁨 나의 소망되시며(95장)

마음열기

미국 여성 최초의 노벨문학상 수상자인 펄 벅 여사는 선교사인 아버지를 따라 중국에서 어린 시절을 보냈습니다.

어느 해 심한 가뭄이 들었을 때입니다. 마을에는 백인이었던 펄 벅의 어머니가 신(神)을 분노하게 만들어 가뭄이 계속된다는 소문이 돌았습니다. 어느 날 밤 사람들은 무기가 될 만한 농기구를 가지고 펄 벅의 집으로 몰려왔습니다. 그 소식을 들은 어머니는 펄 벅에게 차를 따르게 하고 케이크와 과일을 접시에 담게 했습니다.

잠시 뒤 몽둥이를 든 사람들이 단숨에 거실로 몰려왔습니다. 굳게 잠겨 있을 것이라고 여겼던 문이 열려 있자 어리둥절한 얼굴로 방안을 들여다보았습니다. 그 때 펄 벅의 어머니는 "정말 잘 오셨어요. 어서 들어와서 차라도 한 잔 드세요"하며 정중히 차를 권했습니다. 그들은 멈칫거리다가 못 이기는 척 방으로 들어와 차를 마시고 케이크를 먹은 후 그냥 돌아갔습니다.

그리고 그날 밤 그토록 기다리던 비가 내렸습니다. 훗날 어머니는 어른이 된 펄 벅 여사에게 그날 밤의 두려움을 들려주며 만약 도망칠 곳이 없는 막다른 골목이 아니었다면 그런 용기가 나지 않았을 것이라고 말했습니다.

• 나는 자녀들에게 어떤 모습으로 비춰지고 있습니까?
• 그리고 그들이 평생 나의 어떤 모습을 보고 배우기를 원합니까?

성경과의 만남

오늘날 많은 사람들은 교회의 위기를 말합니다. 교회마다 사람들이 모이지 않는다고 아우성을 치고 있습니다. 특별히 급감하는 학생들의 숫자는 다음세대를 향한 한국교회의 위기를 넘어 생존의 위협 정도로 다가옵니다. 이러한 위기는 어디에서 온 것일까요? 장신대 기독교교육학과 박상진 교수에 의하면 가정에서의 신앙교육의 위기가 한국교회의 위기라고 합니다. 가정과 교회가 유리된 채 운영되고 있는 현재의 신앙교육의 위기가 한국교회의 심각한 위기로 자리 잡고 있다는 것입니다. 이런 면에서 가정에서의 경건생활은 너무나 중요합니다.

1. 경건생활의 핵심은 가정입니다

오늘 내가 네게 명하는 이 말씀을 너는 마음에 새기고 네 자녀에게 부지런히 가르치며 집에 앉았을 때에든지 길을 갈 때에든지 누워 있을 때에든지 일어날 때에든지 이 말씀을 강론할 것이며 〈신 6:6-7〉

이 말씀은 우리에게 '쉐마 이스라엘'이라는 말씀으로 유명합니다. 이스라엘의 위대한 지도자 모세가 이스라엘 전 백성들을 향해 '쉐마', 즉 '들으라'고 합니다. 이 말씀을 통해 이스라엘의 부모들은 각 가정에서 자녀들에게 하나님의 말씀을 부지런히 가르쳐야 할 책임이 있음을 밝힙니다. 즉, 경건생활의 핵심이 가정의 부모에게 있다는 것입니다. 유대인들의 이런 가정교육은 그들이 세계의 어떤 곳에 흩어지더라도 그들의 신앙을 포기하지 않게 한 원동력이 되었습니다. 그들은 2000년간 나라를 잃어버리고 세계를 방황하였지만, 그리고 이런 중에 히틀러의 나치에 의해 600만 명이 죽어갔지만 그들은 결단코 그들의 신앙을 포기하지 않고 오늘까지 그들의 믿음을 지켜오고 있습니다. 물론 그들이 아직까지 예수 그리스도를 알지 못하는 것은 큰 문제이지만 말입니다.

오늘날 많은 부모들이 경건생활의 책임을 교회로 미루지만 성경은 경건생활의 1차 책임이 부모에게 있음을 명확히 밝힙니다. 그러므로 가정에서 부모들은 가정예배, 기도훈련, 말씀묵상, 헌금 교육 등을 반드시 실시해야 합니다. 그리고 부모는 말과 삶의 가장 근본적인 부분부터 자녀들에게 모범이 되어야 합니다. 자녀들은 부모의 모습을 그대로 배우기 때문입니다.

2. 온 집안과 더불어 하나님을 경외해야 합니다

그가 경건하여 온 집안과 더불어 하나님을 경외하며 백성을 많이 구제하고 하나님께 항상 기도하더니 〈행 10:2〉

가이사랴의 고넬료는 이달리야 부대라 하는 군대에서 백 명의 군사들을 지휘하는 지휘관이었습니다. 그는 당시 이스라엘을 지배하던 로마제국의 군대 지휘관이었습니다. 피지배 그룹인 유대인들에게 그는 거북한 사람이었을 것입니다. 더구나 그는 이방인이었습니다. 하나님을 섬기기에 그의 외적 환경은 아주 좋지 못했습니다. 그러나 성경은 "그가 경건하여 온 집안과 더불어 하나님을 경외하며 백성을 많이 구제하고 하나님께 항상 기도하였다"라고 소개합니다. 여기서 우리는 그가 '온 집안'과 더불어 하나님을 경외한 것을 주목해야만 합니다. 그는 자기 혼자만 하나님을 섬기지 않았습니다. 그의 가족들, 그리고 수하에 있던 군사들에게까지 경건의 영향력을 행사하였습니다.

우리의 경건생활을 돌아보면 이 '온 가족과 더불어' 하는 모습이 너무 부족합니다. 개인적으로는 기도하고, 말씀 읽고, 묵상하며, 찬송하지만 나의 가족이 어떻게 신앙생활을 하는 지를 잘 살펴보지 않습니다. 나의 자녀들이, 부모들이, 형제들이, 그리고 조금 더 확장하면 나의 영적인 가족들이 하나님을 경외하는 지에 대해서는 신경을 기울이지 못합니다. 그러나 성경은 우리 경건생활의 영향력이 온 가정에까지 미쳐야 한다고 말합니다. 나의 경건의 영향력이 온 가정에 미치지 못하고 있다면 이 문제를 두고 더욱 기도하며, 애써야만 합니다. 하나님은 나의 경건의 영향력이 많은 가족에게 번져가기를 원하십니다.

열매 맺기

아래의 세 가지 질문 중 하나를 선택해서 나누어 봅시다.

1. 가정에서 자녀들을 어떻게 신앙으로 양육할 수 있을까요? 가정예배 계획 등을 세워보십시오.

2. 온 가족이 함께 경건의 모습이 자라가기 위해 내가 힘쓸 부분은 무엇인가요?

3. 나의 말과 행동은 가족에게 어떤 영향력을 끼치고 있나요? 선한 영향력을 어떻게 하면 좀 더 강하게 끼칠 수 있을까요?

한 주간 약속

소그룹에서 서로 토의하여 자유롭게 만들어 봅시다.
예) 일주일에 한 번 이상 가정예배 드리기

여섯째 마당

교회를 섬기는 가정

◆

빌레몬서 1:1–7

찬송 : 내 주의 나라와(208장), 시온성과 같은 교회(210장)

마음열기

반 에덴(Frederik van Eeden)은 이런 우화를 우리에게 전합니다. 어느 마을에 버섯들이 살고 있었습니다. 그런데 그 중에 어떤 버섯은 사람이 먹을 수 있는 것도 있고, 또 어떤 버섯은 먹을 수 없는 버섯도 있었습니다. 지나가던 사람들이 사람이 먹을 수 있는 버섯을 향해 "와! 참 맛있겠다", "정말 좋은 버섯이야"라고 말했습니다. 그런데 한 버섯을 향해서는 "독버섯"이라고 놀리면서 지나갔습니다. 이 버섯은 사람이 먹을 수 없는 버섯이었던 것입니다. 많은 사람들로부터 놀림을 받은 버섯은 실망하면서 펑펑 울기 시작했습니다. 이때 친구 버섯들이 이 버섯을 위로하면서 말했습니다. "친구야, 그것은 우리 버섯의 말이 아니잖아. 너를 향해 '독버섯'이라고 말한 사람들은 우리를 먹으려는 사람들의 말이잖아!" 사실 이런 다수 사람의 말은 '식탁의 논리'일 뿐입니다.

- 교회를 잘 섬기는 사람과 가정을 향해 사람들은 어떤 말을 합니까?
- 이런 말은 우리를 잡아먹으려는 사탄의 말이 아닙니까?

성경과의 만남

우리 신앙의 선배들은 교회와 집이 가까우면 가까울수록 더욱 좋다고 가르쳤습니다. 이런 가르침 때문에 많은 분들이 가능한 교회 옆에 집을 얻고, 시간 날 때마다 교회에 출입하며, 기도하는 생활을 했습니다. 그런데 최근에는 교회와 집의 거리가 멀어지기 시작했으며, 이러한 거리상의 간격은 결국 교회를 섬기는 것에도 지장을 불러오기 시작했습니다. 바울이 빌레몬에게 쓴 편지를 통해 교회와 가정의 관계에 대해 생각해 보겠습니다. 다.

1. 사랑은 교회를 섬기는 기초입니다

그리스도 예수를 위하여 갇힌 자 된 바울과 및 형제 디모데는 우리의 사랑을 받는자요 동역자인 빌레몬과 〈몬 1:2〉

이 편지에서 바울은 빌레몬을 '우리(바울과 디모데)의 사랑을 받는자요 동역자'라고 부릅니다. 즉, 디모데와 바울과 빌레몬은 사랑으로 엮인 관계였습니다. 사실 이들의 관계는 '지체'라는 말로 가장 잘 설명될 것입니다. 우리 몸에는 각종 지체가 있습니다. 이 지체는 자기를 강하게 주장하기보다 서로 섬길 때 전체가 아름답게 세워지게 되어 있습니다.

온 가정이 주의 몸된 교회를 섬기는 기초도 동일합니다. 바로 사랑입니다. 사랑이 교회를 세우는 기초입니다. 함께 있으면 괜히 좋아지고, 웃음이 나고, 멀리 떨어져 있으면 보고 싶은 마음. 바로 그 사랑이 교회를 아름답게 세웁니다. 의무감과 사람들과 관계 때문에 어쩔 수 없이 교회를 섬기는 것은 참 불행한 섬김입니다. 우리 가정이 교회를 섬기는 기초는 사랑이 되어야만 합니다.

2. 우리의 가정을 성도를 위해 개방해야 합니다

> 자매 압비아와 우리와 함께 병사 된 아킵보와 네 집에 있는 교회에 편지하노니 〈몬 1:2〉

현대인들의 특징 중 하나를 꼽으라면 폐쇄성입니다. 많은 현대인이 자기만의 성을 쌓고 다른 사람들과 교제하는 것을 어색해하며 힘들어합니다. 가정에서 성도들 간 모임을 갖는 것도 부담스러워하는 사람이 많습니다. 그런데 빌레몬은 자신의 집을 교회로 사용했습니다. 당시 교회들은 오늘날과 같이 큰 장소에서 모인 것이 아니라, 헌신된 사람들이 자신의 집을 교회당으로 내어

놓았습니다. 이런 흩어진 가정교회가 당시 교회의 일반적인 모습이었습니다. 빌레몬의 가정도 가정교회로 자신의 집을 오픈하고 내어놓았습니다.

자신의 집을 오픈할 때 힘든 것도 많습니다. 많은 사람이 자신의 집에 드나들고, 그들을 대접해야하겠기에 육체적으로, 재정적으로 힘든 것이 많아집니다. 때로는 자신들의 사생활이 개방되어야만 하는 상황이 발생할 수도 있을 것입니다. 그러나 이런 불편함과 어려움보다 더욱 큰 것이 있음을 빌레몬은 알았습니다. 그것은 하나님과 성도들을 위해 자신의 집이 사용된다는 기쁨이었을 것입니다. 이런 헌신된 마음이 사도 바울의 마음을 움직였고, 결국 기도할 때마다 빌레몬을 생각하며 하나님께 감사를 드리게 된 이유가 되었던 것입니다.

3. 큰 기쁨과 위로를 전합니다

형제여 성도들의 마음이 너로 말미암아 평안함을 얻었으니 내가 너의 사랑으로 많은 기쁨과 위로를 받았노라 〈몬 1:7〉

성도를 섬기는 빌레몬의 사랑과 믿음에 대한 소문은 사도 바울의 귀에까지 들리게 되었습니다. 빌레몬의 가정으로부터 풍기는 아름다운 소식을 접한 바울은 성도들이 평안함을 얻었을 뿐만 아니라, 바울 자신 역시 많은 기쁨과 위로를 받았다고 칭찬합니다.

하나님의 교회를 섬기는 가정은 이와 같아야 합니다. 교회와 성도를 향한 섬김과 사랑은 결국 많은 사람에게 기쁨과 위로를 받게 해야 합니다. 오늘날 우리 교회는 이런 기쁨과 위로를 전하는 사람을 필요로 합니다. 하나님은 이런 기쁨과 위로의 사람들을 통해 하나님의 교회를 든든히 세워가기를 원하십니다

열매 맺기

아래의 세 가지 질문 중 하나를 선택해서 나누어 봅시다.

1. 어떻게 하면 내가 섬기는 교회를 더욱 더 사랑할 수 있을까요?

2. 모이기 어려운 가정을 위해 우리 가정을 좀 더 많이 개방할 계획을 세워보십시오.

3. 오늘 우리 가정이 기쁨과 위로를 전할 사람은 어디입니까?

한 주간 약속

소그룹에서 서로 토의하여 자유롭게 만들어 봅시다.

예) 어려운 일을 당한 가정을 위해 기도하고, 그 가정을 초청하여 함께 식사하기

일곱째 마당

새로운 가족에 대한 자세

룻기 1:6–18

찬송 : 주의 사랑 비칠 때에(293장), 주님의 마음을 본받는 자(455장)

마음열기

하이패밀리 대표 송길원 목사가 '요즘 생각'에서 던진 수학문제입니다.

먼저 알파벳 순서대로 점수를 매깁니다. 이를테면
A=1, B=2, C=3, D=4, E=5 · · ·
이런 식으로 점수를 매기고 나면 마지막 자인 Z는 26이 됩니다.
이제는 영어 단어를 조합하여 100점짜리를 찾아갑니다.

Hard work(어려운 일) = 98점. Knowledge(지식) = 96점. Money(돈) = 72점. Luck(행운) = 47점. 그렇다면 100점은 무엇일까요? Attitude(태도, 마음가짐).

그런데 아이러니하게도 Stress(스트레스)도 100점이 됩니다.

이 둘을 뛰어넘는 것은 무엇일까요?

L-O-V-E-O-F-G-O-D(하나님의 사랑)

12+15+22+5+15+6+7+15+4=101점.

고부간의 아픔과 갈등을 나누어보세요.

이런 갈등을 어떻게 하면 해결할 수 있을까요?

성경과의 만남

하나님이 세우신 가정을 아름답게 만들어 가는데 있어 큰 난관이 있습니다. 그것은 바로 고부간의 갈등입니다. 시부모님과 며느리 사이의 이런 갈등은 아름다운 가정을 허물어뜨리는 여우와 같이 작용하곤 합니다. 어머니와 아내 사이에 낀 남편은 이런 보이지 않는 갈등 관계 속에서 이러지도 못하고 저러지도 못하고, 그 사이에 가정의 불화가 심화되곤 합니다. 이런 현실을 살아가는 우리에게 나오미와 룻의 아름다운 관계는 새로운 가족을 대하는 우리의 자세를 돌아보게 합니다.

1. 권위를 가진 사람이 먼저 마음의 문을 열어야만 합니다

나오미가 두 며느리에게 이르되 너희는 각기 너희 어머니의 집으로 돌아가라 너희가 죽은 자들과 나를 선대한 것 같이 여호와께서

너희를 선대하시기를 원하며 〈룻 1:8〉

오늘 성경에는 참 기구하면서도 아름다운 장면이 등장합니다. 그것은 나오미의 가정에 있었던 일입니다. 그녀는 남편을 잃고 유일한 희망이라고 할 수 있는 두 아들마저 결혼한 후 얼마 후 죽게 되었습니다. 이런 참담한 비극 속에 나오미는 모압 땅을 떠나 자신의 고향으로 돌아오고자 합니다. 이때 두 자부를 향한 나오미의 사랑은 모든 사람의 심금을 울리고도 남습니다. 남편을 잃은 것도 서러운데 자신이 평생 살아온 고향까지 떠나는 것은 오르바와 룻으로서는 정말 따르기 힘든 상황이었을 것입니다.

이때 그래도 시어머니라는 권위를 가진 나오미는 두 자부를 향해 앞날을 장담할 수 없는 자신을 떠나도 좋다고 합니다. 참 가슴 아프지만 아름다운 말이 아닐 수 없습니다. 오늘날도 여전히 고부간에 많은 갈등이 있고 많은 사람이 이로 인해 아파합니다. 문제를 푸는 단초는 그래도 권위자인 시어머니가 며느리에 대한 편견을 버리고, 그들의 삶의 방식을 인정해 주고, 사랑으로 섬기는 것입니다. 이때 실타래와 같이 엉킨 고부간의 문제가 풀릴 것입니다.

2. 며느리는 시어머니를 존경하고 사랑으로 섬겨야 합니다

룻이 이르되 내게 어머니를 떠나며 어머니를 따르지 말고 돌아가라 강권하지 마옵소서. 어머니께서 가시는 곳에 나도 가고 어머니께서 머무시는 곳에서 나도 머물겠나이다. 어머니의 백성이 나의 백성이 되고 어머니의 하나님이 나의 하나님이 되시리니 〈룻 1:16〉

어떤 며느리는 시어머니를 향한 불평을 늘어놓으면서 '시금치'는 먹지도, 보지도, 만지지도 않는다고 합니다. 그러면서 '시'자만 들어간 것은 무조건 싫다고 불평을 늘어놓곤 합니다. 이러한 모습은 오늘 성경에 등장하는 룻의 모습과는 완전히 상반된 모습입니다. 룻은 자신을 떠나라고 말하는 시어머니인 나오미를 향해 사랑과 존경이 가득한 신앙고백과도 같은 말을 합니다. 어머니를 떠나지 않고 함께 하며, 어머니가 지금까지 섬긴 하나님을 나의 하나님으로 믿으며, 결국 어머니가 죽는 곳에서 함께 죽겠다고 고백하는 룻의 고백은 고부간에 아로새겨 들어야 할 보배와 같은 말씀입니다. 그러므로 새로운 가족의 구성원이 된 며느리는 지금까지 남편을 있게 하고, 사랑으로 키운 어머니를 사랑하고 존경해야 합니다.

3. 남편과 모든 가족 구성원은 하나님의 지혜가 필요합니다

너희의 순종함이 모든 사람에게 들리는지라 그러므로 내가 너희로 말미암아 기뻐하노니 너희가 선한 데 지혜롭고 악한데 미련하기를 원하노라 〈롬 16:19〉

우리가 험한 세상을 살아갈 때 필요한 것은 비둘기같이 순결하되, 또한 뱀같이 지혜로워야만 합니다(마 10:16). 사도 바울은 우리를 향해 선한 데 지혜롭고, 악한데 미련하기를 원합니다. 이는 결혼으로 이루어진 새로운 가족공동체를 건강하게 하는데 필수입니다. 많은 경우 남편이 어머니와 아내 사이에서 하나님이 주시는 지혜를 상실하고 문제를 접근합니다. 이때 새로운 가족공동체가 상처를 입습니다. 남편은 우선 결혼을 통해 부모를 떠난 것을 명심해야 합니다(창 2:24). 그와 동시에 성경은 끊임없이 부모를 공경하라고 합니다. 남편은 이 둘 사이에서 하나님이 주시는 지혜를 날마다 구해야 합니다. 그뿐 아니라 모든 가족 구성원은 서로의 약점이 발견될 때 함부로 판단하고, 말하여 상처를 입히기보다 하나님의 지혜를 구하고, 그 지혜를 따라 문제를 해결해 가야만 합니다. 무엇보다 중요한 것은 가정의 머리인 남편이 바로 서야만 합니다.

열매 맺기

아래의 세 가지 질문 중 하나를 선택해서 나누어 봅시다.

1. 내가 권위자입니까? 그렇다면 권위자로서 어떻게 하면 더 잘 섬길까요?

2. 시어머니를 향해 가진 상처를 주님의 사랑으로 잊어버리고 존경하겠다고 다짐하십시오.

3. 고부간의 갈등을 성경적 원리를 따라 해결할 수 있게 해 달라고 기도하십시오.

한 주간 약속

소그룹에서 서로 토의하여 자유롭게 만들어 봅시다.

예) 시어머니와 며느리가 서로의 위치를 바꾸어서 생각하고, 주님의 마음으로 말하기

여덟째 마당

불신가족의 전도

베드로전서 3:1–6

찬송 : 흑암에 사는 백성들을 보라(499장), 빛의 사자들이여(502장)

참고 : 대교리문답 137–139문

마음열기

1967년 군 병력이 열세에 있던 이스라엘은 막강한 아랍을 6일 만에 격파, 세계 전쟁사에 경이로운 기록을 남겼습니다. 당시 이스라엘의 베긴 총리는 전쟁 후 미국의 한 기자와 인터뷰를 가졌습니다.

기자가 "막강한 아랍을 이길 수 있었던 비결이 무엇이냐"고 묻자 그가 다음과 같이 대답했습니다.

"이스라엘 군대에서는 절대로 내려서는 안 되는 명령이 하나 있습니다. 그것은 앞으로 가라는 것입니다."

"그러면 그 명령 대신 무슨 명령을 내립니까?"

기자가 묻자 베긴 총리는 짤막하게 대답했습니다.

"나를 따라오라."

- 불신 배우자와 가족들을 전도함에 있어 가장 중요한 것이 무엇이라고 생각합니까?

• 나는 전도에 있어 말과 행함 중 어떤 것을 더 선호합니까?

성경과의 만남

사랑 중에 가슴 아픈 사랑이 있습니다. 그 사랑을 우리는 '짝사랑'이라고 합니다. 이 사랑은 어느 한 사람만의 일방적인 사랑입니다. 짝사랑을 하는 사람은 일방적으로 한 사람을 사랑하지만, 대상이 되는 사람은 이 사랑을 무시하거나 모릅니다. 참 가슴 아픈 사랑입니다. 그런데 믿음에도 이런 가슴 아픈 믿음이 있습니다. 그 믿음을 우리는 '짝믿음'이라고 부릅니다. 신약 시대 당시 아내는 예수님을 믿었지만 남편들이 불신자인 경우가 많았습니다. 이런 상황에서 베드로 사도는 불신 배우자를 어떻게 전도할 것인지 교훈을 줍니다.

1. 말이 아니라 행위로 전도하십시오

아내들아 이와 같이 자기 남편에게 순종하라 이는 혹 말씀을 순종하지 않는 자라도 말로 말미암지 않고 그 아내의 행실로 말미암아 구원을 받게 하려 함이니 너희의 두려워하며 정결한 행실을 봄이라 〈벧전 3:1-2〉

전도는 말이 아니고 행위입니다. 수많은 미사어구를 내뱉더라도 진실된 섬김과 헌신이 없는 전도는 능력이 있을 수 없습니다. 이것은 부부를 포함한 불신 가족의 전도에서 더욱 그러합니다. 섬김과 헌신이 없는 백 마디의 말은 복음을 대하는 사람들에게 잔소리밖에 되지 않습니다. 대부분의 사람들은 이때 "그만 됐어. 당신이나 잘 믿어"라고 퉁명스럽게 말합니다.

그렇다면 불신 가족을 향한 전도는 어떠해야 할까요? 베드로 사도는 여기서 아내들을 향해 "두려워하며 정결한 행실"을 보고 남편들이 구원을 얻게 될 것이라고 합니다. 베드로 사도가 말하는 이 '두려움'은 인간 남편을 '무서워한다'는 것이 아닙니다. 이것은 하나님을 두려워하는 신앙에서 나오는 정결한 행위를 말합니다. 그래서 불신 남편의 말을 무시하지 말고 순종하게 되는 것입니다. 이는 사라가 아브라함을 대함에 있어 '주'(主)로 대한 것과 연결됩니다. 먼저 믿은 우리는 불신 배우자를 대할 때 이런 철저한 섬김으로 다가가야 합니다. 이렇게 다가갈 때 우리 주님이 그들의 마음 문을 조금씩 여시고 마침내 불신 가족이 전도되는 역사가 일어나게 됩니다.

2. 온유함으로 전도하십시오

> 오직 마음에 숨은 사람을 온유하고 안정한 심령의 썩지 아니할 것으로 하라. 이는 하나님 앞에 값진 것이니라. 〈벧전 3:4〉

불신 가족을 전도함에 있어 또 기억해야 할 것은 전도 대상자를 온유함으로 대하는 것입니다. 이는 불신 배우자의 부당한 요구와 시비에 화내지 않고, 공손하고 겸손하게 받아들이는 것을 말합니다. 그리고 이 모든 일을 안정한 심령의 썩지 아니할 것으로 해야 합니다. 즉 어떤 말을 듣더라도 고요하고 침착한 마음의 평안을 유지해야만 합니다. 불신 배우자가 어처구니없는 말로 시비를 걸고, 배우자에게 이끌려 교회를 오다가도 마음에 들지 않을 때는 "이제 교회 안 갈래"라고 말할 때가 있습니다. 이런 때 순간적인 감정으로 "그래. 잘 생각했어. 너 마음대로 하세요"라고 한다면 전도의 문은 또 한참 뒤로 미뤄지게 됩니다.

성경은 온유한 자가 땅을 기업으로 받을 것이라고 합니다(마 5:5). 이 땅은 우리가 발을 딛고 살아가는 땅이 아닙니다. 이 땅은 하나님이 왕이 되신 하나님의 나라를 말합니다. 갈등과 싸움, 큰 소리 등이 난무하는 가정에서 불신 가족을 전도하는 것은 거의 불가능에 가깝습니다. 나의 거센 주장으로는 사람을 결코 변화시킬 수 없음을 깨닫고, 온유함으로 불신 가족을 변화시키도록 힘써야만 합니다.

그러므로 불신 가족을 전하는 공식은 유별난 어떤 것이 아닙니다. 가장 먼저 내가 참된 신앙을 갖는 것이고 나아가 내가 불신 가족을 위해 사랑과 섬김이라는 주님의 가르침을 충실히 이행하는 것입니다. 그 때 전도의 문은 우리의 눈에는 바로 보이지 않을지라도 조금씩 열리게 됩니다.

열매 맺기

아래의 세 가지 질문 중 하나를 선택해서 나누어 봅시다.

1. 불신 배우자를 전도함에 있어 말이 아니라 어떤 섬김으로 나아가겠습니까?

2. 불신 배우자가 시비를 걸어올 때 어떻게 대해야 하겠습니까?

3. 불신 배우자를 나의 노력이 아니라, 하나님이 바꾸어 달라고 기도하십시오.

한 주간 약속

소그룹에서 서로 토의하여 자유롭게 만들어 봅시다.
예) 배우자가 가장 힘들어 하고, 나에게 바꾸기를 원하는 문제 한 가지를 들어주기

4.
그리스도인의 사회생활

첫째마당 그리스도인과 사회생활 · **둘째마당** 그리스도인과 직장생활 · **셋째마당** 그리스도인의 이웃관계 · **넷째마당** 그리스도인의 문화생활 · **다섯째마당** 그리스도인의 절제생활 · **여섯째마당** 그리스도인의 건강관리 · **일곱째마당** 그리스도인의 시간관리 · **여덟째마당** 그리스도인의 여가활동

내가 예수 믿고 구원을 받았다고 해서 곧 바로 세상이 천국으로 바뀌는 것은 아닙니다. 그리스도인이 된 후에도 우리는 하나님과는 상관없이 사는 많은 사람들 가운데서 남은 생애를 보내야 합니다. 무인도에 가서 혼자 산다면 모르지만 사회생활을 하는 한 세상과 교류하고 세상과 영향을 주고받습니다. 어떤 이들은 경건하게 살기 위해서 가능하면 세상과의 접촉을 끊고 교회 안에서만 시간을 보내야 한다고 생각합니다. 그렇지만 에덴동산에도 사탄이 찾아온 것을 본다면 우리 중 누구도 죄와 세속의 영향이 없는 무균실에서 살 수는 없습니다. 현실적으로는 세상을 떠나 살 수 없는 대부분의 그리스도인들은 아무런 준비도 생각도 없이 세상 속으로 들어갑니다. 공중 권세 잡은 자와의 영적인 전투를 전혀 준비하지 못한 순진하고 무모한 상황이 벌어집니다. 그래서 주중에는 좌절하고 주일이면 교회에 와서 한 주간의 삶을 회개합니다. 이 단원의 목적은 세상을 떠날 수 없는 그리스도인이 어떻게 세상 속에서 살아야 하는가에 대한 성경적 지침을 배우는 것입니다.

첫째마당

그리스도인과 사회생활

마태복음 5:13-16

찬송 : 하나님의 진리등대(510장), 빛의 사자들이여(502장)

마음열기

그리스도인은 세상에서 불러낸 하나님의 백성입니다. 하지만 동시에 세상으로 보내심을 받은 하나님의 백성이기도 합니다. 그러므로 그리스도인의 삶은 세상에 살되 세상에 속하지 않은 삶입니다. 곧 몸은 세상에 속했지만 그 가치관과 태도는 세상과 다릅니다. 그리스도인의 삶은 세상 속에 존재하지만 세상과 타협하지 않습니다. 세상의 영향을 받는 것이 아니라 오히려 세상을 변화시키는 삶입니다. 교회로 모였을 때만이 그리스도인이 아니라 세상으로 흩어졌을 때도 그리스도인의 정체성이 분명해야 합니다. 환경에 따라서 변하는 것이 아니라 어떤 환경에서도 자신의 정체성을 분명히 하는 사람입니다. 어둠 속 빛이 더욱 빛나듯이 그리스도의 사람들은 세상에서 소금이 되고 빛이 되는 사람입니다.

- 그리스도인으로서 나의 삶은 어떠합니까? 혹시 나의 마음이 예배당 안에 있을 때와 밖에 있을 때 다릅니까? 왜 그렇습니까?

성경과의 만남

오늘 읽은 본문 말씀은 예수님께서 제자들에게 하신 설교의 일부분입니다. 흔히 산상보훈으로 일컬어지는 마태복음 5-7장에 기록된 말씀 중의 한 부분입니다. 산상보훈은 예수님께서 산에 올라가 앉으셨을 때 나아온 제자들에게 하신 말씀입니다. 당시로는 제자들이고 오늘날은 예수님을 따르고 예수님을 스승으로 모시는 모든 그리스도인입니다. 바로 당신과 나와 같은 그리스도인들, 구역모임으로 모인 우리들입니다. 곧 예수님을 모르는 사람들이 아니라 예수님을 스승으로 모시고 따르는 제자는 꼭 예수님의 말씀을 들어야 합니다. 이는 구약의 이스라엘 백성에게 주어진 십계명과 율법처럼 신약의 그리스도인이 어떤 삶을 살아야 하는가를 말씀하신 것입니다. 그래서 율법의 가르침과 비교해서 여러 번 말씀하셨습니다. 곧 메시야를 믿는 백성이 따라야 하는 삶의 기준입니다.

1. 우리는 세상의 빛과 소금입니다

너희는 세상의 소금이니 … 너희는 세상의 빛이라 〈마 5:13-14〉

예수님께서는 제자들에게 너희는 세상의 빛이며 소금이라고 하셨습니다. 빛이 어두움을 밝히듯이 그리스도인들이 어두운 세상을 밝힐 것입니다. 원래 우리는 빛이 아니라 어두움이고 예수님이 빛이십니다. 그런데 어떻게 우리가 빛이 될 수 있습니까? 요한은 예수님 안에 있는 생명이 사람들의 빛이라고 했습니다. "그 안에 생명이 있었으니 이 생명은 사람들의 빛이라(요 1:4)" 빛이신 예수님의 생명으로 말미암아 우리도 빛이 됩니다. 우리를 빛이라고 하신 것은 자신의 생명을 우리에게 주시겠다는 말씀입니다. 예수님의 생명의 빛으로 말미암아 우리도 세상의 빛이 됩니다. 또한 우리를 세상의 소금이라고 하셨습니다. 바닷물에는 소금이 3.5% 정도 들어 있습니다. 이 3.5%가 바닷물을 짜게 하고 썩지 않게 합니다. 그리스도인이 그리스도인답게 살면 세상에 빛을 비추게 될 것이며 세상의 부패를 막고 맛을 내는 소금처럼 될 것이라는 말씀입니다.

2. 맛을 잃은 소금이 되지 말아야 합니다

> 소금이 만일 그 맛을 잃으면 무엇으로 짜게 하리요 후에는 아무 쓸 데 없어 다만 밖에 버려져 사람에게 밟힐 뿐이니라 〈마 5:13〉

소금도 맛을 잃으면 버림을 받습니다. 소금과 빛은 그 존재와 기능이 분리될 수 없습니다. 빛을 발하지 않는다면 빛은 빛이 아니며, 짜지 않다면 소금은 소금이 아닙니다. 그리스도인 역시 그 존재 자체가 기능을 합니다. 만약에 소금과 빛으로 기능하지 않는다면 그 존재 의의는 사라집니다. 소금이란 부패를 방지하고 맛을 내는 것이며, 빛이란 어둠을 물리치고 방향을 제시하는 것입니다. 우리가 그리스도인으로서 마땅한 기능을 한다면 우리는 사람 앞에 빛을 비추는 존재가 될지언정, 길가에 버려지지는 않을 것입니다. 이 기능을 포기하면서 사람들에게 인정받고자 하는 그리스도인이야말로 길 가에 버려지게 될 것입니다. 그들은 그리스도인이라고 하면서 세상의 빛과 소금으로 살지 못하고 그리스도와 교회를 욕되게 합니다.

3. 사람 앞에 비치는 착한 행실을 가져야 합니다

> 이같이 너희 빛이 사람 앞에 비치게 하여 그들로 너희 착한 행실을 보고 하늘에 계신 너희 아버지께 영광을 돌리게 하라 〈마 5:16〉

산 위의 동네는 숨겨지지 못합니다. 이는 사람이 사는 곳에는 불빛이 있고 산 위에 있는 불빛은 멀리까지 비치기 때문입니다. 이처럼 그리스도의 사람들도 자신의 선한 삶이 빛나기 때문에 그 존재를 숨길 수 없습니다. 사람들이 등불을 켜서 등경 위에 두는 것이 자연스러운 것처럼 그리스도인의 착한 행실은 저절로 드러나게 됩니다. 예수님께서는 그리스도인들이 행하는 착한 행실이야말로 사람 앞에 비치는 빛이라고 하십니다.

그리스도를 구주로 모신 사람들의 삶은 빛납니다. 짠 맛이 납니다. 나의 삶이 빛나지 않는 것은 빛이신 예수님의 생명에서 멀어졌기 때문입니다. 나의 삶이 짠 맛을 잃었다면 내가 예수 그리스도를 잃어버린 것이 아닌 지를 반성해야 합니다. 돌이킬 수 없을 만큼 맛을 잃어서 버려지고 밟히기 전에 예수님의 빛과 예수님의 소금으로 자신을 채우기를 바랍니다.

열매 맺기

아래의 세 가지 질문 중 하나를 선택해서 나누어 봅시다.

1. 삶이 빛나는 그리스도인의 이야기를 해 봅시다.

2. 주위에 맛을 잃은 소금처럼 버려지는 그리스도인이 있다면 이야기 해 봅시다.

3. 세상의 소금과 빛이 되기 위해서 우리가 힘써야 할 점은 무엇일까요?

한 주간 약속

소그룹에서 서로 토의하여 자유롭게 만들어 봅시다.
예) 이번 주에 실천할 수 있는 착한 행실은 어떤 것이 있는지 생각하고 실천하기

둘째마당

그리스도인과 직장생활

다니엘 1:1-21

찬송 : 너 시험을 당해(342장), 어느 민족 누구게나(521장)

마음열기

하나님은 일하시는 분입니다. 예수님께서는 "내 아버지께서 이제까지 일하시니 나도 일한다"고 하셨습니다(요 5:17). 하나님은 태초에 천지만물을 창조하시는 일을 하셨고 자신의 형상인 아담과 하와에게도 일을 주셨습니다. 아담과 하와가 범죄했을 때는 직접 가죽옷을 만들어주셨습니다. 바울은 일하기 싫은 자는 먹지도 말라고 합니다(살후 3:10). 성경은 노동을 하나님의 소명으로 보았고, 교회사의 전통도 노동과 기도를 같은 영적 수준으로 두었습니다. 노동도 일종의 예배입니다. 그러므로 참된 신앙인은 자신의 일터도 예배당이 되게 합니다. 일터에서의 삶도 하나님 앞에서 행하는 믿음의 결단입니다.

- 직장 생활 가운데 나는 성도일 때가 많습니까? 직장인일 때가

많습니까?

성경과의 만남

다니엘과 그의 친구들은 익숙한 고향 예루살렘의 종교적 환경을 떠나서 낯선 바벨론 땅의 이교적 문화가 주는 충격의 한가운데 놓이게 됩니다. 이름을 바꾸는 정체성의 상실을 강요당했습니다. 하나님의 말씀인 율법 대신에 점성술과 꿈의 해석 같은 이방 학문을 공부해야 했습니다. 자신들을 지키고 보호해주는 어른들도 없습니다. 그렇지만 다니엘과 그의 친구들은 바벨론의 환경에서 믿음을 지킬 뿐 아니라 왕의 인정을 받는 공무원이 됩니다. 좌절하거나 타협하지 않고 하나님에 대한 신앙의 끈을 놓치지 않습니다. 바벨론의 문화 가운데서 수용할 수 있는 것과 대항할 것을 분명히 했습니다. 오늘날의 대부분의 직장 환경은 그리스도인 젊은이들이 자라난 교회의 문화와는 너무 다릅니다. 다니엘과 친구들이 어떻게 바벨론에서 신앙을 지키고 성취를 이루었는가를 알려주는 다니엘서는 오늘날의 그리스도인들이 본받을 행동 지침을 주고 있습니다.

1. 비본질적이거나 스스로 결정할 수 없는 것은 수용했습니다

환관장이 그들의 이름을 고쳐 다니엘은 벨드사살이라 하고 하나냐

는 사드락이라 하고 미사엘은 메삭이라 하고 아사랴는 아벳느고라 하였더라 〈단 1:7〉

다니엘과 그의 친구들은 자신들이 지금 바벨론에 포로로 잡혀 온 현실을 인정했습니다. 자신들이 지금 바벨론 왕의 권위 아래 있다는 것을 수용합니다. 그래서 자신들이 배우는 갈대아의 학문과 언어를 거부하지 않았습니다. 이스라엘에서 배우는 율법이 아니라 세속적이고 심지어 이교적인 갈대아의 학문을 배웠습니다. 자신들의 나라를 빼앗은 바벨론 왕의 신하로 일하는 것을 거절하지 않았습니다. 갈대아 사람들이 자신들을 갈대아식 이름으로 부르는 것을 받아들였습니다. 이처럼 다니엘과 그의 세 친구들은 무조건 거부한 것이 아니라 하나님 앞에서 비본질적인 것은 수용하며 살았습니다.

2. 타협할 수 없는 것은 거절하기로 뜻을 정했습니다

뜻을 정하여 왕의 음식과 그가 마시는 포도주로 자기를 더럽히지 아니하리라 하고 〈단 1:8〉

다니엘과 세 친구는 왕의 음식과 포도주를 거절합니다. 왜 거절했는가를 본문이 분명히 밝히지는 않지만 신앙적인 이유가 있었음에 틀림없습니다. 그 이유는 왕의 음식 전부 또는 일부가 음식에 관한 규례(레 11:2-8)에서 벗어난 것이든지 우상에게 먼저 바쳐진 음식이었기 때문입니다. 10장에도 다니엘이 세이레 동안 고기와 포도주를 금식했다고 합니다. 이처럼 다니엘은 특별한 일이 있을 때마다 영적인 목적으로 금식했습니다. 다니엘과 그의 친구들은 바벨론 왕의 궁중 기숙학교에 있는 동안 왕의 음식과 포도주를 거절하고 물과 채소만을 먹는 것으로 신앙의 정조를 지키기로 결정합니다. 이것은 하나님과의 관계에서 세상과는 타협할 수 없는 절대적인 것이 있음을 말합니다.

3. 자신들의 결정을 알리고 대안을 제시합니다

> 청하오니 당신의 종들을 열흘 동안 시험하여 채식을 주어 먹게 하고 물을 주어 마시게 한 후에 당신 앞에서 우리의 얼굴과 왕의 음식을 먹는 소년들의 얼굴을 비교하여 보아서 당신이 보는 대로 종들에게 행하소서 하매 〈단 1:12-13〉

자신들을 감독하는 이에게 왕의 음식과 포도주 대신에 물과 채소만을 먹겠다는 자신들의 결정을 밝히고 열흘 동안 시험해 보라고 합니다. 하나님에 대한 분명한 신뢰와 확신에 근거한 대담한 태도입니다. 하나님을 신뢰하므로 왕의 음식과 포도주보다 물과 채소가 더 나은 결과를 줄 것이라고 확신합니다. 직장에서 그리스도인으로서 할 수 없는 일을 상사나 동료에게 요청받았을 때 우리가 어떻게 해야 할지 다니엘의 태도에서 배울 수 있습니다. 양보할 수 없는 것에 대해서는 자신의 생각을 분명히 밝히고 다른 사람들과 다른 방식으로 행동할 것을 알립니다. 그리고 시간을 두고 결과를 본 뒤에 평가할 것을 제안합니다.

다니엘과 친구들은 하나님께서 이스라엘을 징계하시는 70년의 기간 동안 자신들이 바벨론에 살아야 하며, 바벨론에서 사는 동안에는 갈대아의 문화 가운데 있어야 함을 인정했습니다. 다만 그들은 믿음의 정조를 지킬 수 있도록 거부할 것은 확실히 거부하는 신앙의 결단을 내렸습니다. 그리고 그 결정이 실현되도록 최선을 다합니다. 이처럼 성도란 세상 속에 살지만 세상과는 구별되는 삶을 살아가는 사람인 것을 늘 기억하십시오.

열매 맺기

아래의 세 가지 질문 중 하나를 선택해서 나누어 봅시다.

1. 그리스도인으로서 거절해야 할 직장의 관행은 어떤 것이 있습니까?

2. 상사나 동료의 요구를 거절하는 지혜로운 방법은 어떤 것일까요?

3. 사회생활 가운데 가장 지키기 힘든 일은 무엇입니까?

한 주간 약속

소그룹에서 서로 토의하여 자유롭게 만들어 봅시다.

예) 내가 다니는 직장의 문화나 관행 중에서 그리스도인으로서 거부해야 할 것을 살펴보고 지혜롭게 피하기

셋째마당

그리스도인의 이웃관계

누가복음 10:25–37

찬송 : 그 크신 하나님의 사랑(404장), 주 믿는 형제들(221장)

마음열기

예전에는 '고향에 가려는데 차비가 없다'는 사람을 많이 만났습니다. 처음에는 고향이 그리 멀지 않더니 점점 더 먼 곳의 사람들도 만났습니다. 미심쩍어 직접 표를 사서 드리기도 했지만 왠지 찝찝하기는 마찬가지였습니다. 요즈음은 교도소에서 신앙을 가지게 되었다는 분들이 종종 찾아옵니다. '밥이라도 사먹게 도와달라'는 분들은 부담이 덜하지만 '교도소에서 나와서 새로운 삶을 시작하려니까 포장마차라도 할 자금이 필요하다'고 공손(?)하게 사정하면 참으로 난감합니다.

- 이런 분들도 나의 이웃일까요? 평소에 열심히 일하지 않다가 바쁠 때 도와달라는 회사의 동료도 나의 이웃일까요? 나는 어떻게 생각합니까?

성경과의 만남

어떤 율법사가 예수님을 시험하려고 '무엇을 하여야 구원을 얻겠습니까?' 라고 물었습니다. 그 질문에 대한 예수님의 최종 답변은 '알면서 왜 행하지 않느냐?'는 질책처럼 보입니다. 무안해질 수도 있는 순간을 모면할 겸 잘난 척 하는 질문이 율법교사의 '그러면 내 이웃이 누구입니까?'라는 질문입니다. 예수님은 이 기회를 이용하여 편협한 혈연이나 지연을 뛰어넘는 보편적인 이웃 사랑에 대해서 말씀하셨습니다. 어느 민족이나 마찬가지이겠지만 이스라엘 사람들도 혈연적으로 가까운 사람이 이웃이고 형제였습니다. 이방인은 특별한 경우를 제외하고는 이웃이 아니었습니다(신 15:2-3). 심지어 이웃을 사랑하고 원수를 미워하라고까지 가르쳤습니다(마 5:43). 그런데 예수님은 그런 혈연관계나 민족적인 한계를 따질 것 없이 지금 당장 도와야 할 사람, 어려운 형편에 처한 사람, 도움이 필요한 사람을 이웃이라고 하십니다. 사마리아인인지 유대인인지 따지지 말고 도움이 필요한지 필요 없는지를 생각하라는 것입니다.

1. 이웃 사랑의 기본은 하나님 사랑입니다

대답하여 이르되 네 마음을 다하며 목숨을 다하며 힘을 다하며 뜻을 다하여 주 너의 하나님을 사랑하고 또한 네 이웃을 네 자신 같이

사랑하라 하였나이다 〈눅 10:27〉

이웃 사랑과 하나님 사랑은 별개의 것이 아닙니다. 하나님의 사랑에 감격한 사람만이 이웃을 진정으로 사랑할 수 있습니다. 하나님께 받은 사랑에 감격하여 하나님을 사랑하는 결과로 이웃을 사랑하고 섬깁니다. 가끔 하나님에 대한 사랑 없이도 이웃을 섬기는 사람이 있기는 있습니다. 참으로 위대한 인간일 수는 있으나 하나님을 기쁘시게 하지는 못합니다. 반면에 하나님에 대한 사랑은 있으나 이웃에 대한 사랑이 없는 사람은 하나님의 사랑을 제대로 이해하지 못한 사람입니다. 하나님을 사랑하는 방법은 하나님께서 귀하게 여기는 것을 우리도 귀하게 여기는 것입니다.

예루살렘에서 시작된 복음의 물결이 지구를 한 바퀴 돌고 돌아 오늘 우리에게까지 전해진 것은 바로 이런 하나님의 사랑에 감격한 우리 선배들의 헌신이 있었기 때문입니다. 이와 같이, 우리가 받은 사랑을 우리 직장이나 주변의 이웃들에게 나누는 것이 진정으로 이웃을 사랑하는 것입니다.

2. 우리의 도움이 필요한 사람이 우리의 이웃입니다

네 생각에는 이 세 사람 중에 누가 강도 만난 자의 이웃이 되겠느냐 이르되 자비를 베푼 자니이다 예수께서 이르시되 가서 너도 이와 같이 하라 하시니라 〈눅 10:36-37〉

떠돌이 생활을 하는 유목민들은 위험에 처했을 때 힘을 합칠 수 있는 사람이 진정한 이웃이었습니다. 이스라엘 사람들에게도 이런 경향이 있었습니다. 그러나 예수님은 훨씬 더 이웃의 정의를 넓히셨습니다. 스스로 문제를 해결할 수 없는, 어려움에 처한 사람이 우리의 이웃이라고 가르쳐 주셨습니다. 잘 생각해보면 그것이 새삼스러운 것도 아닙니다. 시내산에서 모세에게 율법을 주실 때 이미 그렇게 말씀하셨습니다. 하나님은 고아와 과부, 나그네와 가난한 자에게 특별히 관심을 기울이셨습니다(신 14:29, 24:17, 19).

연약한 자, 가난한 자, 어려움에 처한 자를 배려하는 것이 율법의 기본 정신입니다. 추수할 때 일부를 남겨두라는 것이나(신 24:19-21), 배고픈 나그네가 굶주림을 면하도록 포도원이나 밭에서 따먹는 것을 허용한 것(신 23:24-25)이 좋은 예입니다. 하나님을 생각하고 이웃에게 베푸는 작은 선행을 예수님도 결단코 잊지 않으리라고 하셨습니다(마 10:42).

3. 혈연, 지연, 학연에 얽매이지 않아야 합니다

그 이튿날 그가 주막 주인에게 데나리온 둘을 내어 주며 이르되 이 사람을 돌보아 주라 비용이 더 들면 내가 돌아올 때에 갚으리라 하였으니 〈눅 10:35〉

강도 만난 자를 보고 그냥 지나간 사람들은 제사장이나 레위인이었습니다. 불쌍한 사람을 도와준 자는 오히려 사마리아인이었습니다. 예수님께서는 의도적으로 혈연이나 지연 그리고 학연을 파괴하는 것처럼 보입니다. 가까운 이웃이 먼 형제보다 낫다(잠 27:10)는 말씀도 혈연보다는 지연이 더 중요하다고 말씀하는 것 같아 보입니다. 사방에 호시탐탐 적들이 도사리고 있는 상황에서는 더욱 그러합니다. 성도들이 불신 형제보다 믿는 이웃를 더 가까이 하는 것도 당연합니다. 복잡하지만 이웃 관계에서 가장 주의해야 할 문제는 무엇일까요? 바로 하나님과 아무런 상관없이 자신의 이익을 위해서 맹목적으로 혈연, 지연, 학연에 얽매이는 것입니다. 하나님과 상관없는 패거리를 만드는 셈입니다. 결과적으로 진정한 이웃 사랑은 불가능하게 됩니다. 개인적으로는 아무런 상관이 없는 사람이지만 나의 도움이 필요하다는 이유 하나만으로 도울 수 있어야 진정한 이웃 사랑이며 말씀에 순종하는 것입니다.

열매 맺기

아래의 세 가지 질문 중 하나를 선택해서 나누어 봅시다.

1. 어떤 사람이 나에게 도움을 강요하는 경우에는 어떻게 해야 할까요?

2. 인터넷이나 TV를 통해서 알게 되는 것까지 포함하면 나의 이웃은 얼마나 될까요? 그들을 어떻게 대하고 있습니까?

3. 연약한 자를 어떻게 배려하는 것이 좋은지 구체적인 사례를 들어서 함께 이야기해 봅시다.

한 주간 약속

소그룹에서 서로 토의하여 자유롭게 만들어 봅시다.

예) 주변에서 있을 수 있는 약자에 대한 배려는 어떤 것이 있는지 생각하고 실천하기

넷째마당

그리스도인의 문화생활

창세기 1:28, 로마서 12:1-2

찬송 : 눈을 들어 하늘을 보라 (515장), 시온의 영광이 빛나는 아침(550장)

마음열기

오래 전 애기지만 한 때 머리 펌이나 립스틱은 사탄의 도구나 다름없었습니다. 그리스도인이 절대로 해서는 안 되는 것으로 여겼습니다. 머리 펌했다고 사모님이 목사님께 쫓겨나가기도 하고 빨간 입술을 보고는 '쥐 잡아 먹었느냐?'고 타박을 하기도 했습니다. 기타도 교회에 절대로 들어올 수 없는 악기였습니다. 지금은 드럼까지 당당하게 예배의 한 부분을 차지하고 있습니다. 민요풍의 찬송도 초기에는 심한 박해를 받았지만 지금은 한국인의 정서를 잘 나타내는 국악찬송이란 이름으로 자리를 잡았습니다. 지금은 절대로 수용할 수 없다고 하는 것이 언제 또 예배당에 들어오게 될지 아무도 모릅니다. 교회가 세상의 문화에 동화되어 가는 중인가요? 아니면 세상의 문화를 교회가 정복하고 있는 것인가요?

- 교회에서 문화적인 이유로 갈등을 겪은 경험이 있다면 함께 나누어 봅시다.

성경과의 만남

하나님께서 사람을 자신의 형상대로 만드시고 '땅을 정복하라 모든 생물을 다스리라'고 하셨습니다(창 1:28). 그러나 사람은 타락 이후 하나님을 점점 더 멀리 떠나 결국은 모든 것을 잃어버리고 겨우 목숨만 건진 꼴이 되었습니다. 하나님은 홍수에서 살아남은 노아의 가족들에게 다시 '생육하여 번성하고 땅에 충만하라'고 하셨습니다(창 9:1). 이것은 모든 피조물을 통해서 하나님의 뜻이 드러나고 성취될 뿐 아니라 하나님께 영광을 높이 돌리라는 것입니다. 그러나 그 후손들도 하나님의 이 명령을 제대로 수행하지 못했습니다. 피조물을 다스리기보다는 거꾸로 피조물을 섬기다가 이방의 압제에 시달리기도 하고 포로로 끌려가기도 했습니다. 결국은 예수 그리스도를 통해서 거듭난 자들에게 새로운 명령이 주어졌습니다. 우리 삶의 총체적인 형태를 문화라고 할 수 있습니다. 어떻게 우리 자신을, 나아가 우리 삶의 전 영역, 즉 문화를 하나님의 뜻에 굴복하게 할 수 있을까요?

1. 문화를 통제할 수 있어야 합니다

> 하나님이 그들에게 복을 주시며 하나님이 그들에게 이르시되 생육하고 번성하여 땅에 충만하라 땅을 정복하라 바다의 물고기와 하늘의 새와 땅에 움직이는 모든 생물을 다스리라 하시니라 〈창 1:28〉

인간 생활을 둘러싼 문화는 가치중립적인 것이 대부분입니다. 그 자체로는 선하다거나 악하다고 말할 수 없는 것들입니다. 이런 것들을 그리스도인들이 잘 다룰 수 있어야합니다. 끌려가거나 몰입되지 않고 주도적으로 잘 이용하면 큰 유익이 될 수도 있습니다. 돈이 나쁜 것이 아니라 돈에 끌려 다니는 것이 나쁜 것입니다. 돈이 하나님의 뜻을 이루기 위한 수단으로 사용된다면 소중한 것이지만 돈을 모으는 것이 목적이 되어 온갖 소중한 가치를 다 포기하는 것이 문제입니다.

여가 시간에 이용할 수 있는 운동, 악기, 오락류들은 물론이고 컴퓨터나 스마트폰과 같은 첨단 장비도 사람이 어떻게 사용하느냐에 달린 것이지 그 자체를 선하다거나 악하다고 할 것은 아닙니다. 그리스도인은 이런 것들에 몰입하거나 매이지 않고 오히려 그것들을 자신의 통제 하에 두어 선한 목적으로 사용해야 합니다. 스스로 종목이나 기기를 선택하거나 절제할 수 있어야 합니다. 문화의 종이 아니라 주인이 되어야 합니다.

2. 악한 세력에 감염된 세속문화는 점령해야 합니다

그러므로 형제들아 내가 하나님의 모든 자비하심으로 너희를 권하노니 너희 몸을 하나님이 기뻐하시는 거룩한 산 제물로 드리라. 이는 너희가 드릴 영적 예배니라 〈롬 12:1〉

문화는 인간에 의해서만 아니고 하나님, 그리고 사탄에 의해서도 사용될 수 있습니다. 본래 문화의 거룩한 형태가 따로 있는 것은 아닙니다. 사탄이 악한 목적으로 사용하면 악한 것이 될 뿐입니다. 그것을 기독교가 점령해서 오히려 선한 목적을 위해 사용하면 됩니다. 오래 전, 대구에서 한 교회가 절을 사들여서 개축하고 교회당으로 사용했던 적이 있었습니다. 부분 부분을 살펴보면 절의 형태가 남아있기는 했지만 당당하게 교회의 역할을 감당했습니다. 주일이 원래 로마의 태양신을 섬기던 날이었다고 주장하는 사람들이 지금도 더러 보입니다. 원래는 그러했을지라도 기독교인들이 그 날을 점령해서 주님의 날로 바꾸어버린 셈입니다. 악한 문화라고 피해갈 것이 아니라 오히려 점령해서 하나님의 것으로 바꾸어버릴 용기가 필요합니다. 악한 세력에 감염된 문화도 결국 어떻게 쓰느냐의 문제이지 문화 자체가 문제는 아닙니다.

3. 기독문화를 창조해야 합니다

너희는 이 세대를 본받지 말고 오직 마음을 새롭게 함으로 변화를 받아 하나님의 선하시고 기뻐하시고 온전하신 뜻이 무엇인지 분별하도록 하라 〈롬 12:2〉

인간은 문화 활동 없이 살 수 없습니다. 그러나 우리 주변의 모든 문화 활동 중에 기독문화라고 할 만한 것이 거의 없습니다. 기독교 역사가 짧은 탓도 있지만 우리가 기독문화를 만들어내는 일에 소홀히 한 탓도 적지 않습니다. 야만인들이 로마를 정복했지만 문화적으로는 오히려 동화되고 말았습니다. 정복을 하고도 잡아먹힌 셈입니다. 우리가 기독문화를 창조해내지 않는다면 이와 비슷한 일이 필연적으로 일어납니다. 기독문화의 절정이라고 할 수 있는 예배를 드리고 교회를 나서면 온통 세속 문화 속으로 들어가는 것이 오늘 우리의 현실입니다. 이걸 막으려면 모든 현대 문명의 이기를 다 버리고 교회당에 갇혀 사는 수밖에 없습니다. 그러나 그럴 수는 없습니다. 예배, 성경공부, 전도만이 우리의 사명이 아니라 우리와 우리의 후손들이 살아가는 모든 공간을 기독교 정신이 살아 숨 쉬는 공간으로 만들어가야 합니다. 사회 여러 분야에 기독교 정신을 심어가는 노력을 우리 그리스도인이 해야 합니다.

열매 맺기

아래의 세 가지 질문 중 하나를 선택해서 나누어 봅시다.

1. 여가 시간에 기독교인들이 즐길 수 있는 것은 어떤 것들입니까?

2. 점령해야 할 세속문화의 예를 들어 보십시오.

3. 우리는 어떤 문화를 창조할 수 있을까요? 구체적인 예를 함께 나누어 보십시오.

한 주간 약속

소그룹에서 서로 토의하여 자유롭게 만들어 봅시다.

예) 대중가요 한 곡 배우기. 스마트폰의 장, 단점 조사하기

다섯째마당

그리스도인의 절제생활

갈라디아서 5:22–24

찬송 : 주의 말씀 받은 그 날(285장), 예수를 나의 구주 삼고(288장)

마음열기

그리스도인은 나태한 마음이 들 때마다 “나는 고3이다”라고 스스로를 타일러야 합니다. 우리나라 고3은 절제하며 살아야 하는 시기입니다. 여행을 가고 싶어도, 이성 친구를 사귀고 싶어도 “대학 들어가서 하자”하고 참아야 합니다. 그리스도인도 그래야 합니다. 쉬고 싶고, 놀고 싶어도 “주님 곁에 가서 하자”며 참아야 합니다. 이것이 우리가 이 세상을 살아가며 가져야 하는 종말론적 긴장입니다. 고3 학생이 다른 모든 즐거움을 잠시 뒤로 미루고 오직 공부에만 몰두하듯, 우리도 이 세상 사는 동안 하나님과 하나님께서 맡기신 일들에 우선 몰두해야 합니다. 해야 하니까 억지로 하는 것이 아니라, 진심으로 마음을 기울여 열심히 해야 합니다. 하고 싶은 일은 누가 못하겠습니까? 그러나 하고 싶은 일을 참고 하기 싫은 일을 위해 헌신하려는 자세가 우리에게 필요합니다.

- 요즘 내가 절제하지 못하는 일은 무엇인가요?
- 왜 그것을 절제하지 못할까요?

성경과의 만남

성령의 아홉 가지 열매는 성령충만한 사람에게 나타나는 성품의 열매입니다. 이 열매들은 서로 연결되어 있습니다. 그래서 우리가 성령의 아홉 가지 열매를 맺는다고 할 때 어느 것 한 가지만 맺을 수는 없습니다. 사랑의 열매 없이 화평의 열매를 맺을 수 없고, 오래 참음의 열매 없이 절제의 열매를 맺을 수 없기 때문입니다. 아홉 가지 열매는 분리된 듯 보이지만 우리가 함께 맺어야 되는 한 덩어리와 같습니다. 특히 아홉 가지 열매 중 가장 마지막에 있는 절제의 열매는 매우 중요합니다. 왜냐하면 절제는 모든 열매를 완성하는 마침표와 같기 때문입니다. 나는 절제하며 살고 있습니까? 우리는 어떤 것을 절제하며 살아야 할까요?

1. 먹고 마시는 것에 있어 절제해야 합니다

음행하는 자와 혹 한 그릇 음식을 위하여 장자의 명분을 판 에서와 같이 망령된 자가 없도록 살피라 〈히 12:16〉

에서는 탐심으로 장자의 명분을 팔아버리는 우를 범하였습니다. 이러한 잘못을 우리도 하고 있지 않습니까? 한 달의 수입과 지출을 결산해 보면 항상 모자랍니다. 절약하고 절제하지만, 보통의 급여생활자들이 그렇습니다. 사회구조적으로 보면, 양극화와 빈부의 격차가 갈수록 심해지고, 대부분의 서민들은 미래를 위한 저축은 고사하고, 매일의 생활 생존을 이어가기에 바쁩니다. 이런 시대를 함께 살면서 내가 풍요롭다고 마음대로 먹고 마시며 사는 것은 이웃을 향한 바른 태도가 아닙니다. 하나님은 지친 사람에게 마음껏 마실 물을 주고, 허기진 사람에게 배불리 먹을 양식을 주겠다고 하십니다(렘 31:25). 이것은 나의 관심이 어디로 향해야 하는가를 보여줍니다. 따라서 우리는 매일매일 예수님의 마음을 먹고 마시면서 배우고, 마음에 품고, 예수님의 영양분으로, 예수님의 마음으로, 예수님처럼 나누고 함께 먹고 사는 삶을 살아야 할 것입니다. 이런 영적인 다이어트를 시작해보지 않겠습니까?

2. 생활의 즐김에 있어 절제해야 합니다

온유와 절제니 이 같은 것을 금지할 법이 없느니라 〈갈 5:23〉

사람은 대부분 자기 욕심을 채우며 살아갑니다. 그런데 욕심은 끝이 없어서 외부로부터 받는 자극의 정도에 따라 끝도 없이 자라납니다. 그래서 성경은 욕심이 잉태하여 죄를 낳고, 죄가 장성하여 사망을 낳는다고 하였습니다(약 1:15). 인격은 욕심의 종이 되는 데서 낮아지고, 스스로를 절제하는 데서 높아지는 것임을 기억해야 합니다. 그러면 생활에 있어 어떻게 절제해야 할까요? 첫째, 이웃의 생활수준을 고려하여 과도한 여가 생활은 피하는 것이 좋습니다. 둘째, 생활의 여유가 있어도 수시로 충동구매를 하거나 지나치게 사치스러운 물건을 소유하려는 것은 피해야 합니다. 셋째, 소비가 미덕이라 하여 비윤리 또는 탈윤리적인 것까지 소비해서는 안됩니다. 우리는 예수님에게서 절제 있는 생활과 검소한 태도를 배워야 합니다. 나는 자기 처지도 모르고 허랑방탕한 생활을 일삼지는 않습니까?

3. 절제의 열매를 맺어야 합니다

그리스도 예수의 사람들은 육체와 함께 그 정욕과 탐심을 십자가에 못 박았느니라 〈갈 5:24〉

절제는 성령의 열매 중 하나입니다. 우리가 절제의 열매를 맺으려면 기도, 성경읽기, 십자가를 지는 삶, 혹독한 훈련, 순종 그리고 자기 부정이 필요합니다. 절제는 자동으로 주어지지 않습니다. 하나님의 은혜와 우리의 끊임없는 노력이 절제의 열매를 맺습니다. 나는 한두 번 참은 것을 절제한 것처럼 생각하지 않습니까? 예수님은 십자가의 고통과 죽음으로 절제의 열매를 맺으셨습니다. 그것을 생각하면 우리의 절제가 어떠한지를 알 수 있습니다. 요즘 내가 참지 못하는 일은 무엇입니까? 내 감정을 폭발 직전까지 마구 뒤흔드는 사람은 누구입니까? 그 사람의 말 한 마디, 그 사람의 행동 하나하나가 눈엣 가시처럼 여겨집니까? 하나님은 우리에게 절제의 열매를 맺으라고 하십니다. 어떻게 하면 흥분된 내 마음을 가라앉히고 성령의 마지막 열매인 절제의 열매를 맺을 수 있겠습니까?

열매 맺기

아래의 세 가지 질문 중 하나를 선택해서 나누어 봅시다.

1. 나는 먹고 마시는 일에 너무 많은 에너지를 쏟고 있지 않습니까? 일주일에 과외로 지출되는 비용은 얼마쯤 됩니까?

2. 나는 습관적으로 인터넷 쇼핑몰이나 TV 홈쇼핑을 기웃거리지 않습니까? 이번 주에도 충동적으로 구매한 물건은 없습니까?

3. 절제는 아무 것도 안하는 것이 아니라 옳은 바를 끝까지 지키는 것입니다. 요즘 내가 의식적으로 절제하고 있는 일은 무엇입니까?

한 주간 약속

소그룹에서 서로 토의하여 자유롭게 만들어 봅시다.
예) 내가 가진 물건 중 일 년 이상 사용하지 않았거나 같은 용도의 물건이 두 개 이상 있는 경우 어려운 이웃을 위해 내놓기

여섯째마당

그리스도인의 건강관리

고린도전서 6:12-20

찬송 : 주 예수님 내 맘에 오사(286장), 아 하나님의 은혜로(310장)

마음열기

웰빙(Well-Being)산업이 계속 붐을 이루고 있습니다. 음식뿐 아니라 가구와 집도 웰빙과 관련 없으면 잘 팔리지 않습니다. 사람들은 웰빙을 생각하면서 어떻게 하면 잘 먹고, 잘 배설하고, 잠을 잘 잘 수 있을까 생각합니다. 그래서 자연식품과 건강보조식품을 찾고 침대와 이부자리, 베개까지 몸에 좋은 것으로 사려고 합니다. 하지만 이런 웰빙에 가장 중요한 것이 빠진듯 한 인상을 지울 수 없습니다. 엄밀한 의미에서 웰빙은 바르게 존재한다는 뜻입니다. 그런데 나는 과연 언제 가장 평안을 누릴까요? 영양가 있는 음식과 안락한 침대가 과연 나에게 진정한 웰빙을 가져다줄까요? 참 웰빙은 존재의 근원이신 하나님 품안에 안길 때 비로소 누릴 수 있습니다. 어린아이가 잠시 장난감에 마음을 빼앗기지만 어머니 품을 떠나서는 결코 평안을 누릴 수 없듯이, 우리를 현혹하는 화려한 바이오산업이 궁극적 웰빙을 가져다주지는 못합니다. 하나님과의 친밀한 관계 회복이야말로 웰빙의 시작인 셈입니다.

• 나는 하나님 안에서 참 웰빙을 누리고 있습니까?

성경과의 만남

사람들은 건강관리를 위해 많은 노력을 합니다. 과식을 삼가고, 음식을 싱겁게 먹고, 충분한 휴식을 취하고, 적당한 운동을 합니다. 건강관리를 잘하는 것은 하나님이 주신 몸을 아끼는 것이니 잘하는 일이라 할 수 있습니다. 그러나 단순히 오래 사는 것이 목적이라면 그 건강관리는 뭔가 부족해 보입니다. 그럼 왜 건강관리를 해야 할까요? 바울은 하나님의 영광을 위하여 하라고 합니다. "그런즉 너희가 먹든지 마시든지 무엇을 하든지 다 하나님의 영광을 위하여 하라(고전 10:31)" 따라서 우리가 음식을 먹고, 운동을 하고, 일을 하는 모든 것이 다 하나님의 영광 때문임을 잊지 말아야 합니다. 세상에는 건강비법이 참 많습니다. 그렇게 하면 정말 건강해지기도 합니다. 그러나 성경은 그런 비법보다 진짜 건강한 사람이 누구인지에 대한 본질을 설명해 주고 있습니다.

1. 내 몸의 주인이 하나님이라는 사실을 잊지 말아야 합니다

몸은 음란을 위하여 있지 않고 오직 주를 위하여 있으며 주는 몸을 위하여 계시느니라 〈고전 6:13〉

바울은 식욕이 인간의 본능이기에 무엇이든 먹을 수 있다고 합니다. 그런데 고린도 교인들은 이것을 확대 해석하여 식욕이 육체적 본능이듯이 성적 욕구를 채우는 것도 육체적 본능이라고 주장하며 그들의 성적인 타락과 방종을 정당화시키고 있습니다. 그러나 바울은 우리의 몸이 음란을 위해 지음을 받지 않고 주를 위해 지음을 받았다고 합니다. 이는 우리의 몸이 거룩함에 이르는 의의 도구가 되어야 한다는 뜻입니다(롬 6:19 참고). 따라서 성도는 성경에 기록된 "내 몸 사용설명서"를 잘 읽어야 합니다. 그 설명서에는 "너희 몸이 그리스도의 지체인 줄 알지 못하느냐? 내가 그리스도의 지체를 가지고 창녀의 지체를 만들겠느냐? 결코 그럴 수 없다"고 쓰여 있습니다. 내 몸의 주인이 주님이기에 주님을 위해 내 몸을 사용해야 한다는 뜻입니다. 나는 그렇게 하고 있습니까?

2. 음행을 피해야 합니다

음행을 피하라 사람이 범하는 죄마다 몸 밖에 있거니와 음행하는 자는 자기 몸에 죄를 범하느니라 〈고전 6:18〉

현대인들은 대부분 음행의 유혹에 노출되어 있습니다. 때로는 휴대폰 문자로, 이메일로, 길거리에 뿌려진 전단지로, 하루에도 몇 번씩 음행의 유혹을 받습니다. 그런 유혹을 받을 때마다 어떻게 하십니까? 음행을 부추기는 내용임을 알면서도 그 메일을 클릭하지는 않습니까? 바울은 음행을 피하라고 합니다. 반복적으로 찾아오는 음행의 유혹으로부터 철저하게 떠나라는 겁니다. 그것이 건강한 삶의 비결입니다. 음행은 단순히 우리의 육체만 망가뜨리는 것이 아닙니다. 음행은 우리의 전인격을 손상시켜 우리로 하여금 하나님께 나아가지 못하게 하는 치명적인 결과를 가져옵니다. 음행으로부터 피하십시오. 잠깐의 호기심이 내 영혼을 영원히 멸망시킬 수 있다는 사실을 잊지 마십시오. 나는 몸이 건강합니까? 몸이 건강한 만큼 마음과 영혼도 건강합니까? 내 아내나 남편 앞에서 하지 못할 그 일만 안 해도 우리는 건강한 삶을 살 수 있습니다.

3. 몸으로 하나님께 영광을 돌려야 합니다

> 값으로 산 것이 되었으니 그런즉 너희 몸으로 하나님께 영광을 돌리라 〈고전 6:20〉

우리 몸은 죄를 피해 다니라고 지음 받은 것이 아닙니다. 죄를 피해 다니는 것은 소극적인 자세입니다. 우리는 적극적으로 하나님의 영광을 추구하며 죄악의 세력으로부터 승리하는 그리스도인이 되어야 합니다. 그래서 바울은 우리의 몸으로 하나님께 영광을 돌리라고 하였습니다. 왜 하나님께 영광을 돌려야 할까요? 우리가 값으로 산 것이 되었기 때문입니다. 누가 샀습니까? 그리스도께서 자신의 죽음이라는 고귀한 값을 치르시고 우리를 사셨습니다. 따라서 우리는 우리의 것이 아닙니다(19절).

우리의 몸을 타락시키거나 함부로 사용할 권리가 우리에게 없습니다. 그런데 우리의 관심은 이런 데 있지 않고, 그저 건강하게 오래 사는 데 있습니다. 건강을 위해서 운동하라는 의사의 말은 잘 들으면서 하나님의 영광을 위해 살라는 성경의 말씀은 듣지 않습니다. 영원히 건강하고 싶습니까? 그렇다면 하나님의 말씀을 들으십시오.

열매 맺기

아래의 세 가지 질문 중 하나를 선택해서 나누어 봅시다.

1. 나는 내 몸을 주님을 위해 쓰고 있습니까? 하나님이 내게 건강 주심이 주의 일을 위한 것임을 알고 있습니까?

2. 최근에 음행의 유혹을 받은 적이 있습니까? 그런 유혹이 나의 정신 건강을 해치지는 않습니까? 나는 어떤 태도로 음행과 맞서고 있습니까?

3. 나는 육신의 건강을 유지하기 위해 어떤 노력을 하고 있습니까? 영적인 건강을 위해서도 열심을 내고 있습니까?

한 주간 약속

소그룹에서 서로 토의하여 자유롭게 만들어 봅시다.
예) 한 달에 한 번씩 어려운 이웃을 찾아가 필요한 도움 주기

일곱째마당

그리스도인의 시간관리

에베소서 5:15-16

찬송 : 지금까지 지내온 것(301장), 예수가 함께 계시니(325장)

마음열기

시간병(Time-Sickness)이란 "시간이 달아나는 것 같은 기분, 충분치 않다는 생각에 계속 가속 페달을 밟아 시간을 따라잡아야 한다는 강박적인 믿음"을 말합니다. 이런 강박증은 시간을 지배하며 살아가야 할 인간을 억누릅니다. 많은 사람이 시간에 쫓기며 살아갑니다. 시간에 눌리고 시간에 매여 정신없이 살아갑니다. 사람이 시간을 관리해야 하는데 시간이 사람을 다스리고 억압합니다. 시간에 짓눌려 살다가 시간병에 걸리면 몸과 마음에도 병이 나고 자기 인생에도 중병이 생깁니다. 그럼에도 불구하고 모든 사람은 하루에 86,400초를 보냅니다. 적지 않은 시간을 잘 활용할 줄 알아야 하겠습니다. 세상에는 소중한 금이 세 가지 있습니다. 황금, 소금, 그리고 지금입니다.

- 나는 지금을 어떻게 사용되고 있습니까? 최선을 다하는 삶입니까? 후회하는 삶입니까?

성경과의 만남

바울은 에베소서 5장에서 그리스도인의 삶의 중요성을 언급합니다. 하나님의 계획하심을 믿는 자가 마땅히 살아야할 삶을 언급하고 있습니다. 하나님은 우리가 부름 받은 자로서 하나님의 뜻에 합당하게 살기를 원하십니다. 지혜 있는 자같이 살아갈 것을 가르치고 있습니다. 특별히 그리스도인은 청지기로서 하나님이 주신 것을 잘 관리하고 다스려야 합니다. 시간도 예외가 아닙니다. 시간은 하나님의 것입니다. 에베소교회는 당시 문화에 영향을 받아 시간 관리에 있어서 구별되지 못했습니다. 그래서 바울은 그리스도인이 삶에 있어 구별되어야 함을 명령하고 있습니다. 그리스도인은 하나님의 사랑을 입은 자로서 이방인과는 다른 삶을 살아야 합니다. 그 시작은 하나님이 주신 시간을 지혜롭게 잘 사용하는 것입니다. 우리는 어떻게 시간을 관리해야 할까요?

1. 그리스도인은 어떻게 행할지를 주의 깊게 살펴야 합니다

그런즉 너희가 어떻게 행할 지를 자세히 주의하여 지혜 없는 자 같이 말고 오직 지혜 있는 자 같이 하여 〈엡 5:15〉

바울은 그리스도인이 빛의 자녀가 되었기에 그러므로 너희가 자세히 행할 것을 주의하라고 명령합니다. 앞서 빛과 어두움을 대조시켰다가 이제는 지혜 있는 자와 없는 자를 대조시킵니다. 믿는 자들은 지혜롭게 하여 하나님을 기쁘시게 하기 위하여 주의 깊게 행하며 살아야 합니다. 주의 깊게 사는 것은 모든 기회를 지혜롭게 사용하는 것입니다. 골로새서 4:5에서 바울은 동일하게 "외인에게 대해서는 지혜로 행하여 세월을 아끼라"고 말합니다. 지혜로운 사람은 시간을 어떻게 사용할지 살피는 자입니다. 하나님의 뜻을 잘 이해하고 성도로서 꼭 행해야 할 일에 집중하고 생각하여 시간을 사용하는 자입니다. 제한된 시간 속에서 지혜롭게 자기를 살피고 무엇을 행하는 것이 하나님께 영광이 될까 생각하면서 사는 자가 지혜로운 자입니다. 나는 하나님의 구원에 감사하고 주의 깊게 자신의 삶을 살피고 있습니까?

2. 그리스도인은 시간을 선용해야 합니다

세월을 아끼라 때가 악하니라 〈엡 5:16〉

"세월을 아끼라"는 말은 "기회를 산다"는 뜻으로 시간을 사서 아껴 쓴다는 것입니다. 금방 지나가 버리는 특별한 기회를 도로 사서 활용하는 것입니다. 하나님은 성도들이 선한 일을 할 수 있는 기회를 잘 택해서 사용하길 원하십니다. 우리는 주어진 기회를 잘 살려 분별없이 행동하지 말고 주님이 원하시는 삶을 살아야 합니다. 시간을 아끼는 가장 좋은 방법은 계획을 세워 사는 것입니다. 우리는 주어진 환경 속에서 모든 기회를 찾아 어떠한 희생과 대가를 치르더라도 그것을 놓치지 않고 성취해야 합니다. 특별히 바울은 갈라디아서 6:9-10에서 말세의 때에 성도가 선을 행하다가 낙심할 수도 있는데, 우리는 기회 있는 대로 모든 이에게 착한 일을 하되 더욱 믿음의 가정들에게 선을 베풀 것을 당부합니다. 시간을 낭비하지 않고 주신 기회를 잘 살려서 하나님의 뜻을 성취하시는 그리스도인이 되어야 합니다.

3. 그리스도인은 악한 세대를 경계해야 합니다

세월을 아끼라 때가 악하니라 〈엡 5:16〉

성도들이 주의 깊게 행동을 해야 하는 이유는 때가 악하기 때문입니다. 말세에 사람들은 하나님의 사랑에서 멀어집니다. 그리고 사람과 물질을 사랑하게 되고 결국 자기 사랑에 빠지게 된다고 말합니다. 그릇된 자기 사랑에 빠진 사람들은 죄에 대해 둔합니다. 그래서 헛된 시간을 많이 보냅니다. 그럴 때일수록 성도는 때가 얼마 남지 않았기 때문에 시간을 선한 일을 위해 온전히 사용해야 합니다. 그렇지 않으면 그 시간들은 무의미하게 흘러가 버립니다. 그러므로 지금 나에게 주어진 시간을 최대한 활용하십시오. 악한 세력이 세상을 장악하고 자기 탐닉적인 불순종으로 이끌고 있지만 그리스도인들은 자신의 삶과 우선순위를 늘 하나님께 두어야 합니다. 시간은 금입니다. 그러므로 성도로서 시간을 허비하지 않고 선과 악을 구분해 하나님 앞에 흠 없는 자로서 살아가시길 바랍니다.

열매 맺기

아래의 세 가지 질문 중 하나를 선택해서 나누어 봅시다.

1. 그리스도인은 시간 관리를 잘하기 위해 어떻게 행해야 합니까?

2. 이 시간 이후 자신의 시간 계획에 대해 나누어 보고 한 주간의 계획을 말해 보십시오.

3. 악한 세대를 살아가는 성도들이 가장 먼저 구별해야 할 시간은 언제일까요?

한 주간 약속

소그룹에서 서로 토의하여 자유롭게 만들어 봅시다.

예) 한 주간의 삶 속에서 경건의 시간 갖기 또는 이웃 사랑의 시간을 정해서 실천하기

여덟째마당

그리스도인의 여가활동

전도서 2:22-26

찬송 : 주와 같이 길 가는 것(430장), 내 영혼이 은총 입어(438장)

마음열기

2010년 통계에 따르면, 15세 이상 서울 시민 중 48.1%는 주말이나 휴일에 여가활동으로 TV나 DVD를 시청한다고 합니다. 그 외에 여행(9.5%), 컴퓨터게임(8.9%), 휴식(8.9%), 사회활동(8.7%), 운동(5.8%), 문화예술활동(4.6%) 등을 하며 여가를 즐긴다고 합니다. 쾌적한 여가생활은 모두의 바람입니다. 그러나 정작 바쁜 삶을 사는 현대 사회인들은 여가를 제대로 즐기지 못하는 실정입니다. 특히 성도들의 경우는 더욱 여가를 즐기지 못합니다. 주말과 주일은 주로 교회 사역에 몰두하기 때문입니다. 실제로 여가 시간이 주어지면 종교생활을 시작해 보겠다는 사람도 5%에 불과합니다. 주 5일제가 본격적으로 시행되면서 교회는 더 다양한 프로그램을 운영해야 되는 부담을 안게 되었습니다. 우리는 이 여가 시간을 어떻게 보내야 할까요?

- 내가 가장 많이 즐기는 여가활동은 무엇일까요?
- 일주일에 어느 정도 시간을 투자합니까?

성경과의 만남

솔로몬은 "인생은 살 가치가 있는 것인가"라고 묻습니다. 그리고선 "인생은 살 만한 가치가 없기에 삶이란 공허한 것"이라며 결론을 내립니다. 인간은 커다란 바퀴의 톱니에 지나지 않은 짧은 생을 살아갑니다. 따라서 인간은 자신의 삶조차 이해하지 못하며 살아갑니다. 인간의 부와 쾌락은 만족을 주지 못합니다. 인간이 일생 동안 수고하여 얻은 부도 자기가 전부 누리지 못하고 결국 다른 사람에게 남기고 떠나야 합니다. 이것이 인생입니다. 결국 인간은 죽어야 하며 죽음은 모든 것을 끝냅니다.

정말 인간이 사는 것은 이렇게 가치가 없는 것일까요? 솔로몬은 이에 대해 이렇게 말합니다. "이 땅의 삶 가운데서 하나님이 지금 나에게 주시는 복들을 받아들여 누리고 그 복들을 통해 유익을 얻어내며 살아가야 한다." 세상의 모든 것을 누려본 솔로몬은 이러한 결론 앞에서 오늘을 살아가는 우리에게 주어진 시간을 어떤 자세로 살아가라고 가르치고 있습니까?

1. 하나님 없이 해 아래서 행하는 모든 수고는 헛될 뿐입니다

해 아래에서 행하는 모든 수고와 마음에 애쓰는 것이 무슨 소득이 있으랴 〈전 2:22〉

솔로몬은 해 아래서 자신이 수고한 모든 것을 미워합니다. 왜냐하면 자기가 수고한 모든 결과를 타인이 취했기 때문입니다. 그래서 모든 수고의 결과로 무슨 소득이 있었느냐고 자기 노력에 비해 아무것도 얻지 못한 사실에 놀라하면서 스스로 질문합니다. 대부분 사람들은 돈을 벌기 위해 수고하고 노력합니다. 먹고 살기 위해 더 잘 살기 위해 노력합니다. 하지만 많은 노력을 기울였는데 결과가 좋지 않으면 노력할수록 오히려 많은 슬픔이 생깁니다. 그리고 과도한 일로 인해 제대로 쉬지도 못해서 낙이 없습니다. 어떤 사람들은 두 개의 직업을 가지고 있기도 합니다. 야근은 기본이고 밤을 새워서 열심히 일을 합니다. 그 결과 우리는 흔히 주위에서 일 중독자들을 만나게 됩니다. 신체적인 질병과 타인과의 관계, 가족과의 관계가 무너지고 있습니다. 나의 수고는 누구를 위한 것입니까? 수고의 목적은 무엇입니까?

2. 하나님은 수고하는 자에게 기쁨을 주십니다

사람이 먹고 마시고 수고하는 것보다 그의 마음을 더 기쁘게 하는 것은 없나니 내가 이것도 본즉 하나님의 손에서 나오는 것이로다 〈전 2:24〉

때로는 많은 일들이 사람의 심신을 헤칩니다. 그러나 하나님은 그의 기뻐하시는 자에게 하나님을 아는 지혜를 주십니다. 그 지혜는 하나님이 안식을 통해 자기를 알리신 것입니다. 하나님은 안식의 개념을 십계명에 넣어 주셨습니다. 우리는 일을 떠나 여가의 시간을 통해 창조주 하나님을 만나야 합니다. 그 시간을 통해 쉼을 얻는 것은 유익합니다. 우리는 흔히 쉬면서 자기 계발을 먼저 생각하지만 언제나 쉼이 먼저임을 잊지 말아야 합니다. 취미활동이 필요합니다. 독서, 문화생활, 등산, 스포츠, 여행과 같은 쉼을 가지는 것이 좋습니다. 그리고 개인적인 기도와 묵상이 필요합니다. 우리는 쉼을 통해 안식도 누리지만 풍성한 생명의 양식도 얻을 수 있습니다. 나는 하나님에 대한 지식으로 쉼을 누리고 있습니까? 쉼을 통해 하나님이 주시는 기쁨을 맛보고 있습니까?

3. 하나님께서 주신 기쁨을 잘 사용해야 합니다

아, 먹고 즐기는 일을 누가 나보다 더 해 보았으랴 하나님은 그가 기뻐하시는 자에게는 지혜와 지식과 희락을 주시나 〈전 2:25-26〉

솔로몬은 그가 사는 날 동안 하나님이 주신 풍요로움 속에서 마음껏 쉼을 누렸다고 합니다. 하나님은 택한 백성에게 육신의 수고로 인한 고통이 아니라 심신을 단련시키는 기쁜 여가생활을 누리길 원하십니다. 삶의 수고와 노고를 덜어 주시고 행복을 선물로 주시고자 합니다. 그러므로 우리는 범사에 기쁨을 주시는 하나님께 감사해야 합니다. 그리고 쉼을 통한 기쁨을 잘 활용할 줄 알아야 합니다. 먼저는 하나님 앞에서 쉼을 누려야 합니다. 기도와 묵상이 좋을 것입니다. 그리고 다른 사람과 여가활동을 보내는 것도 좋습니다. 단, 조심해야 할 것은 힘에 부치지 않아야 합니다. 경제적으로 힘들어도 안 됩니다. 탐닉하면 안 됩니다. 스트레스가 없어야 합니다. 몸과 맘이 회복되고 기분이 좋아야 합니다. 여러분은 여가 시간을 어떻게 활용하고 있습니까?

열매 맺기

아래의 세 가지 질문 중 하나를 선택해서 나누어 봅시다.

1. 사람들이 열심히 수고하고 노력하지만 유익을 얻지 못하는 이유가 무엇일까요?

2. 그리스도인들의 삶은 항상 하나님의 영광과 이웃 사랑을 목적으로 합니다. 이것을 여가생활에 어떻게 적용할 수 있을까요?

3. 주님 주신 여가생활을 잘 보내는 데 있어서 중요한 마음가짐은 무엇입니까?

한 주간 약속

소그룹에서 서로 토의하여 자유롭게 만들어 봅시다.

예) 가족과 함께 하는 여가생활 계획표 짜보기, 구역 식구들과 함께 건전한 영화 관람하기 등

5단원

그리스도인의 성품

첫째마당 그리스도인과 사회생활 · **둘째마당** 그리스도인과 직장생활 · **셋째마당** 그리스도인의 이웃관계 · **넷째마당** 그리스도인의 문화생활 · **다섯째마당** 그리스도인의 절제생활 · **여섯째마당** 그리스도인의 건강관리 · **일곱째마당** 그리스도인의 시간관리 · **여덟째마당** 그리스도인의 여가활동

진정한 그리스도인은 하나님의 성품을 닮아가는 사람입니다. 하나님의 말씀에 따라 다른 사람에게 덕을 세우고 그리스도를 더욱 닮아 가기 위해 노력하는 자입니다. 그리고 경건의 훈련에 게으르지 아니하고 믿음의 형제들과 더 깊은 교제를 나누기 위해 노력하는 사람입니다. 또한 늘 온유한 마음과 겸손한 마음으로 다른 사람들을 나보다 더 낫게 여기는 사람입니다. 이러한 하나님의 성품은 매일 예수님을 바라보고 나아갈 때 가능합니다. 이 과정을 통해 하나님을 닮아가는 은혜가 있기를 바랍니다.

첫째마당

그리스도인의 성품과 내면세계의 성장

◆

베드로후서 1:1-4

찬송가 : 예수 더 알기 원하네(453장), 주님의 마음을 본받는 자(455장)

마음열기

한 조사에 따르면 요즘 청소년이 가장 선호하는 키는 '남자 185㎝, 여자 168㎝'입니다. 그래서 많은 청소년과 부모님이 키 크는 음식과 운동법에 관심을 가지고 있습니다. 심지어는 성장판 수술을 통해서 유전적 한계를 뛰어넘어 키를 키우려고 합니다.

요즘 베스트셀러의 상당수는 자기 계발과 명상에 관한 책입니다. 현대인들은 자신의 능력을 계발하는데 시간과 물질을 아끼지 않습니다. 또한 내면세계를 다스리기 위해 명상 서적을 읽으며 명상 센터에서 자신의 내면을 돌아보고 있습니다. 전국 고찰에서 운영하는 템플스테이는 주말마다 성황을 이루며 밀려오는 방문객들로 인해 행복한 비명을 지릅니다.

- 나는 어떤 성장에 관심이 있습니까?

성경과의 만남

자라지 않는 나무는 죽은 나무입니다. 매일같이 물을 주고, 좋은 거름으로 덮어주고, 따가운 햇볕을 쬐게 해도, 자라지 않고, 새 잎사귀를 맺지 않는 나무는 죽은 나무입니다. 겉은 그럴듯하게 보이지만, 속은 썩어서 태풍이 오거나, 큰 바람이 불면 부러져 쓰러질 나무입니다.

하나님은 우리가 성장하길 원하십니다. 이 성장은 육신의 성장뿐만 아니라 영혼의 성장을 포함합니다. 바울은 심었고, 아볼로는 물을 주었지만, 오직 자라게 하시는 분은 하나님이십니다(고전 3:6). 그러기에 우리는 자라는데 관심을 가져야 합니다. 문제는 많은 그리스도인이 자라기 원하지만, 어떻게 자라야 할지 모릅니다.

1. 내면세계의 성장은 그리스도를 앎에서 시작합니다

> 하나님과 우리 주 예수를 앎으로 은혜와 평강이 너희에게 더욱 많을지어다 〈벧후 1:2〉

영적성장의 출발은 그리스도를 앎입니다. 믿음은 들음에서 나며 들음은 그리스도의 말씀을 듣는 것입니다(롬 10:17). 그러기에 우리의 믿음이 자라기 위해서는 말씀을 많이 듣고, 배워야 합니다. 그리스도를 아는 만큼 우리 믿음의 분량은 자랄 것입니다. 믿음의 분량이 크면 클수록 더 많은 하나님의 은혜와 평강이 우리 영혼을 가득 채울 것입니다. 싹트기 시작한 우리의 믿음이 자라기 위해서는 매일 말씀의 물을 주어야 합니다.

앎이란 단지 머리의 지식만을 말하지 않습니다. 참된 앎이란 몸으로 체득된, 삶으로 체화된 것입니다. 그리스도를 단지 성경 지식으로만 알 때 우리의 믿음은 화려한 것 같지만, 사실 속은 비어있는 '속빈 강정'과 같습니다. 반대로 우리가 전인격으로 그리스도를 알게 되면 우리의 영혼은 '속이 꽉 찬 만두'와 같습니다.

2. 그리스도를 앎이 우리의 능력입니다

> 그의 신기한 능력으로 생명과 경건에 속한 모든 것을 우리에게 주셨으니 〈벧후 1:3〉

손자병법에 나오는 병법 중 "지피지기(知彼知己)면 백전백승(百戰百勝)"이라는 말이 있습니다. 우리의 적인 사탄과 싸우기 위해서는 능력이 필요합니다. 그 능력은 우리 자신을 알 때 나옵니다. 우리를 알 수 있는 비결은 무엇일까요? 우리를 지으시고, 우리를 가장 잘 아시는 하나님께 배우면 됩니다. 그러기에 하나님을 배울 때 우리는 그분이 주시는 신기한 능력으로 강해집니다.

우리는 주 안에서와 그 힘의 능력으로 강해질 수 있습니다(엡

6:10). 우리가 영적 전투에서 가질 수 있는 유일한 무기는 성령의 검, 곧 하나님의 말씀입니다(엡 6:17). 우리는 우리의 검을 매일 갈아서 날카롭게 만들어야 합니다. 말씀을 매일 읽고, 묵상하는 것은 우리의 영혼을 살찌우는 동시에, 우리의 무기를 단련하는 것입니다.

3. 성장하는 그리스도인은 신성한 성품에 참여합니다

> 이 약속으로 말미암아 너희가 정욕 때문에 세상에서 썩어질 것을 피하여 신성한 성품에 참여하는 자가 되게 하려 하셨느니라 〈벧후 1:4〉

한 나라의 군대가 강해지기 위해서는 일치된 소속감을 가져야 합니다. 일치된 소속감은 군대 장군의 리더십에 얼마나 병사들이 잘 속해 있고, 그들이 명령에 잘 복종하느냐에 달려있습니다. 우리는 말씀의 능력으로 하나님 나라의 군대가 되었습니다. 그리고 하나님의 성품에 참여함으로 우리는 하나님의 리더십에 지휘를 받습니다. 세상과 사탄으로부터 우리를 지키고 이길 수 있는 방법은 하나님의 성품에 속하는 길밖에 없습니다. 우리가 하나님의 성품에 참여할 때 우리의 성품은 변화될 것입니다. 모세가 하나님과 함께 거할 때 그의 얼굴에서 빛이 난 것처럼, 우리가 하나님의 성품에 거할 때, 우리는 하나님의 빛을 밝힐 수 있을 것입니다.

열매 맺기

아래 세 가지 질문 중 하나를 선택해서 나누어 봅시다.

1. 믿음이 자라기 위해 나는 얼마나 많은 말씀을 듣고, 배우고 있습니까?

2. 최근에 유혹을 당할 때 나는 어떤 말씀으로 이겨냈습니까?

3. 예수님을 믿은 후 변화된 나의 성품은 무엇입니까?

한 주간의 약속

소그룹에서 서로 토의하여 자유롭게 만들어 봅시다.
예) 한 주 동안 스마트폰 보기 전에 말씀 읽기

둘째마당

그리스도인의 덕

로마서 14:13-23

찬송가 : 사랑하는 주님 앞에(220장), 성자의 귀한 몸(216장)

마음열기

옛날에 한 농부가 도끼를 잃어버렸습니다. 그는 틀림없이 옆집의 젊은이가 훔쳤을 것이라고 생각했습니다. 그래서 그는 옆집 젊은이의 거동을 유심히 살펴보았는데 길을 걷는 모양이나 말하는 목소리나 그의 일거일동이 다 자기의 도끼를 훔친 사람처럼 보였습니다. 그리하여 그는 그 젊은이가 도끼를 훔쳤다고 단정하였습니다. 그런데 그 후 며칠이 안 되어 그는 산에 갔다가 잃었던 도끼를 발견했습니다. 며칠 전에 나무를 하고 난 뒤 깜빡하고 도끼를 그 곳에 두고 왔던 것입니다.

이튿날, 그는 옆집의 젊은이를 다시 만나게 되었습니다. 다시 이모저모 살펴보니, 길 걷는 모양이나 말하는 음성이나 그의 일거일동이 이제는 전혀 도끼를 훔친 사람처럼 보이지 않았습니다. 이 농부는 자기의 주관으로 좋은 사람을 한 때 도둑으로 간주하였으니, 그야말로 어처구니없는 억측이 아닐 수 없습니다.

• 나는 색안경을 끼고 상대방을 잘못 판단한 적이 있습니까?

성경과의 만남

성경은 우리에게 서로에 대해 함부로 판단하지 말라고 말합니다. 남이 나를 오해할 일을 해서는 안 됩니다. 만일 그리스도인이 서로 오해하여 평화롭게 지내지 못하고, 서로 다투게 된다면 그것은 그리스도의 덕을 세우지 못하는 것이며, 복음의 문을 닫는 것입니다. 아무리 선한 의도로 행한 일이라 할지라도 상대방이 오해할 수 있다면, 그리스도인의 덕이 아닙니다.

성도간의 문제를 그리스도의 사랑과 용서로 풀지 못하고, 세상에 서로 고소한다면 우리의 판단을 받을 세상이 우리를 판단하는 '주객전도(主客顚倒)' 현상이 일어납니다. 그러므로 그리스도인의 덕이란 하나님께서 기뻐하시며, 사람에게 칭찬을 받는, 즉 서로 평화롭게 지내는 것입니다. 평화롭지 못한 세상에서 그리스도인의 공동체인 교회만이 유일한 평화의 공동체입니다. 우리의 덕은 평화롭게 지내는 것으로 증명됩니다.

1. 우리는 서로 비판해서는 안 됩니다

그런즉 우리가 다시는 서로 비판하지 말고 〈롬 14:13〉

사람의 심장을 가장 깊숙이 찌르는 비수는 판단입니다. 상대방을 잘못 판단한 나의 말 한마디가 상대방에겐 치명적인 공격이 될 수 있습니다. 내가 생각 없이 던진 돌멩이에 연못에 있던 평화로운 개구리는 죽을 수 있습니다.

성경은 서로를 판단하지 말 것을 명령하고 있습니다. 우리가 판단할 것은 믿음의 형제가 아닌 죄악 된 세상입니다(고전 6:2). 비판의 화살 방향을 바꾸어야 합니다. 형제를 지적하는 손가락은 하나이지만, 나를 지적하는 손가락은 세 개입니다. 한 공동체를 멸망시키는 가장 빠른 방법은 자중지란(自中之亂)입니다. 그리고 그 단초는 서로에 대한 비판입니다.

2. 상대방이 잘못 판단할 빌미를 제공해서는 안 됩니다

도리어 부딪칠 것이나 거칠 것을 형제 앞에 두지 아니하도록 주의하라 〈롬 14:13〉

속담 중 '오얏나무 아래서 갓끈을 고쳐 쓰지 말라'는 말이 있습니다. 나는 아무런 생각 없이 한 행동이지만, 멀리서 본 타인은 나의 의도와 상관없이 오해할 수 있기 때문입니다. 우리는 수많은 오해와 왜곡 속에 살고 있습니다. 나의 진심이, 나의 선의가 오해를 받을 수 있습니다. 그러기에 우리는 형제가 나를 오해하지 않도록, 형제를 배려해야 합니다. 나의 작은 배려가 형제를 시험에 빠트리지 않습니다.

또한 우리는 타인의 행동을 오해해서도 안 됩니다. 중세의 마녀사냥처럼 타인을 오해함으로 그 사람을 죽이는 실수를 해서는 안 됩니다. 명확한 원인 규명이 되지 않는 이상 우리는 쉽게 타인의 행동을 판단하는 실수를 범해선 안됩니다.

3. 우리는 평화롭게 지냄으로 덕을 세워야 합니다

> 그러므로 우리가 화평의 일과 서로 덕을 세우는 일을 힘쓰나니 〈롬 14:19〉

교회와 교회의 다툼, 성도와 성도의 다툼을 보는 세상의 시선은 싸늘합니다. 우리끼리 평화롭지 못하면서 어떻게 그리스도의 평화를 말할 수 있겠습니까? 미움이 있는 곳에 사랑을, 다툼이 있는 곳에 용서를, 분열이 있는 곳에 일치를, 의혹이 있는 곳에 믿음을, 그릇됨이 있는 곳에 진리를, 절망이 있는 곳에 희망을, 어두움이 있는 곳에 빛을, 슬픔이 있는 곳에 기쁨을 가져오는 평화의 대사가 되기 위해선 먼저 우리가 평화롭게 지내야 합니다.

그러기에 우리는 할 수 있는 대로 서로 평화롭게 지내야 합니다. 우리가 평화롭게 지낼 때 우리는 '화평하게 하는 자'(Peacemaker)로서 하나님의 아들이라는 일컬음을 얻을 수 있습니다(마 5:9).

열매 맺기

아래 세 가지 질문 중 하나를 선택해서 나누어 봅시다.

1. 상대방이 나를 오해함으로 상처 받은 경험이 있습니까? 그때 나는 어떻게 행동했습니까?

2. 나의 사소한 행동 때문에 다른 누군가가 나를 오해한 적이 있습니까? 그때 마음이 어땠습니까?

3. 용서와 이해로 서로에 대한 오해가 풀린 적이 있습니까?

한 주간 약속

소그룹에서 서로 토의하여 자유롭게 만들어 봅시다.
예) 한 주 동안 타인을 비방하거나 비판하는 말하지 않기

셋째마당

그리스도인의 지식

히브리서 5:11–6:3

찬송가 : 달고 오묘한 그 말씀(200장), 하나님 아버지 주신 책은(202장)

마음열기

한 대학교수가 배를 타고 여행을 하게 되었습니다. 그 교수가 그 배의 한 선원에게 물었습니다.

"여보게, 자네 철학을 아는가?" "모르겠는데요."

"허허, 자네는 자네 생애의 4분의 1을 잃었군. 그럼 자네 지질학을 아는가?"

"전혀 모르는데요."

"자네는 생애의 절반을 잃었군. 천문학은 아는가?"

"들어 보지도 못했습니다." "자네는 생애의 4분의 3을 잃었군."

그때 갑자기 배가 기울어져서 둘 다 물에 빠지게 되었습니다. 선원이 교수에게 물었습니다.

"교수님, 헤엄칠 줄 아십니까?" "못 하네."

"그럼 교수님은 생애의 전부를 잃었습니다."

• 자신의 삶에 있어서 가장 도움이 되었던 지식은 무엇이었습니까?

성경과의 만남

컴퓨터와 인터넷의 발전은 곧 지식의 발전입니다. 컴퓨터가 발전할수록 사람의 계산 속도는 빨라지고, 과학 지식은 발전합니다. 인터넷이 발전할수록 전 세계의 지식은 네트워크화 되어 모든 인류의 지식이 보편적으로 발전할 것입니다.

날이 갈수록 인류의 지식이 발전하는 것처럼, 그리스도인의 지식도 발전해야 합니다. 성경을 보는 눈이 넓어져야 합니다. 말씀을 깨닫는 깊이가 깊어져야 합니다. 말씀을 이해하는 수준이 남달라야 합니다. 성경은 말씀에 대한 우리의 지식이 자라야 한다고 권면합니다. 아침마다 새로운, 늘 새로운 주의 말씀에 대한 감동이 있어야 합니다.

1. 우리는 그리스도 도의 초보를 버려야 합니다

그러므로 우리가 그리스도의 도의 초보를 버리고 죽은 행실을 회개함과 하나님께 대한 신앙과 〈히 6:1〉

운전을 하다 보면 간혹 '초보 운전', ' 백미러 안보고 운전함', ' 3시간째 직진 중' 등 재미있는 초보운전 문구를 봅니다. 누구나

다 초보운전자 시절이 있습니다. 그러나 어느 정도 운전에 익숙해지고 운전에 자신이 생기면 초보운전 문구를 뗍니다. 수학에서 나누기를 배울 때 처음에는 하나씩 손으로 쓰면서 계산을 합니다. 그러나 익숙해지면 암산으로 계산을 합니다.

누구나 예수님을 처음 믿을 때가 있습니다. 믿음에 관하여, 신앙생활에 관하여, 교회에 관하여 처음 배우고 낯설어 할 때가 있습니다. 그러나 학습을 받고, 세례를 받고, 직분을 받으면서 우리는 그리스도의 도의 초보를 버려야 합니다. 어느 때까지 초보 신자처럼 다른 형제가 다 해 주길 기다릴 수는 없습니다.

2. 우리는 단단한 식물을 먹어야 합니다

> 이는 젖을 먹는 자마다 어린 아이니 의의 말씀을 경험하지 못한 자요, 단단한 음식은 장성한 자의 것이니 그들은 지각을 사용함으로 연단을 받아 선악을 분별하는 자들이니라 〈히 5:13-14〉

젖먹이는 젖을 먹어야 합니다. 그들이 소화할 수 있는 부드러운 젖이나 이유식을 먹어야 합니다. 그러나 어른으로 성장하고 나서도 젖이나 이유식을 먹을 수는 없습니다. 특별한 경우가 아닌 이상 일반인들은 치아로 씹어 먹을 수 있는 음식을 먹습니다.

처음 신앙생활 할 때는 내 귀에 달콤한, 내 영혼을 위로 해주는, 나에게 평안을 주는 말씀만 찾고 듣습니다. 그러나 믿음이 자라고 신앙이 깊어지면, 비록 귀에 거슬리고, 나를 책망하고, 내 죄를 드러내는 단단한 말씀일지라도 먹을 수 있어야 합니다. 몸에 좋은 약은 입에 쓴 법입니다.

3. 우리는 지식의 진보를 이루어야 합니다

때가 오래 되었으므로 너희가 마땅히 선생이 되었을 터인데 〈히 5:12〉

대학(大學)에 보면 '구일신(苟日新) 일일신(日日新) 우일신(又日新)'이라는 말이 나옵니다. '진실로 날마다 새로워지면 나날이 새로워지고 또 날로 새로워진다'는 뜻입니다. 우리는 말씀에 대한 우리의 진보를 이루어야 합니다. 말씀에 대한 한결같은, 변함없는 지적 수준에 머물러서는 안됩니다.

믿음의 연차가 많아질수록 우리는 많은 사람들을 가르칠 수 있어야 합니다. 십 년을 믿어도 영적인 아들, 믿음의 제자가 없고, 여전히 초보신앙인처럼 말씀을 배운다면 우리는 믿음의 소인(小人)입니다. 우리는 매일 아침마다 학자의 귀처럼 하나님의 말씀을 알아들어야 하고, 학자의 혀처럼 남을 도와야 합니다(사 50:4). 이것이 바로 우리가 지식의 진보를 이루어야 할 이유입니다.

열매 맺기

아래 세 가지 질문 중 하나를 선택해서 나누어 봅시다.

1. 아직까지 내게 남아있는 초보신앙인의 모습은 무엇입니까?

2. 나에게 부담스러웠던 설교나 신앙서적을 통해 신앙의 성숙을 경험한 적이 있습니까?

3. 가장 최근에 읽은 신앙서적은 무엇입니까?

한 주간 약속

소그룹에서 서로 토의하여 자유롭게 만들어 봅시다.

예) 기독교 고전 한 권을 정해 읽기(예. 어거스틴의 '참회록', 토마스 아 캠피스의 '그리스도를 본받아', 존 번연의 '천로역정' 등)

다섯째마당

그리스도인의 절제

고린도전서 9:19–27

찬송가 : 겸손히 주를 섬길 때(212장), 아침 해가 돋을 때(552장)

마음열기

현대인들은 과음, 과식으로 건강과 생활을 망치고 있습니다. 통계에 따르면, 평균 체중 10퍼센트를 초과하는 남성은 그렇지 않은 사람보다 13퍼센트나 높은 사망률을 보이는 것으로 나타났습니다.

가입자 3백만 명을 보유하고 있는 영국의 한 보험회사는 허리둘레나 체중에 비례해 보험료를 받고 있습니다. 즉 최소한 6개월간 정해진 양의 체중을 감량하거나 유지하는 사람에게는 보험료를 할인해 줍니다. 그런가 하면 가장 비대한 사람에게는 같은 또래의 사람들보다 네 배 많은 보험료를 내게 한다고 합니다. 절제하나만 잘해도 돈을 버는 세상입니다.

• 절제하지 못해 어려움을 겪은 경우는 없습니까?

성경과의 만남

정신적 쾌락을 추구한 에피쿠로스학파는 절제의 덕을 강조했습니다. 그들은 진정한 쾌락인 '아타락시아'(평정심)를 얻기 위해서는 절제의 덕이 발휘되어야 한다고 보았습니다. 육체의 쾌락은 고통만을 주기 때문에, 이 육체의 쾌락을 절제할수록 정신적 쾌락을 더 많이 누릴 수 있다고 생각했습니다.

성경도 절제를 말하지만, 그 이유는 전혀 다릅니다. 성경은 방종한 삶을 책망합니다. 무분별하고 무절제한 삶을 죄 된 생활로 정죄합니다(엡 5:18). 성경은 복음을 위해, 그리스도를 위해 절제할 것을 가르칩니다. 진정한 절제란 충분히 그것을 누릴 수 있음에도 불구하고, 하나님을 위해 포기하는 것입니다.

1. 많은 사람을 얻기 위해 절제해야 합니다

> 내가 모든 사람에게서 자유로우나 스스로 모든 사람에게 종이 된 것은 더 많은 사람을 얻고자 함이라 〈고전 9:19〉

사도 바울은 자유자이며 당대 최강국인 로마 제국의 시민이었습니다. 그는 얼마든지 자유로울 수 있고 법적인 보호를 받을 수 있었습니다. 그러나 영혼을 얻기 위해 바울은 시민권의 자유를 절제하였습니다. 그 결과 바울은 빌립보 감옥 간수를 얻을 수 있었습니다(행 16:19-40).

우리는 복음 안에서 자유자로서 모든 것을 누릴 수 있습니다. 그러나 모든 것이 가하나 모든 것이 유익한 것이 아니며, 모든 것이 가하나 모든 것이 덕을 세우지는 않습니다(고전 10:2-24). 나의 유익을 추구하지 않고 절제할 때, 우리는 많은 사람의 유익을 구할 수 있고 그들로 구원을 얻게 할 수 있습니다.

2. 승리자의 관을 얻기 위해 절제해야 합니다

이기기를 다투는 자마다 모든 일에 절제하나니 그들은 썩을 승리자의 관을 얻고자 하되 우리는 썩지 아니할 것을 얻고자 하노라 〈고전 9:25〉

올림픽이나 세계선수권 대회를 앞두고 운동선수들은 극도의 자기 절제를 합니다. 좋아하는 음식을 절제함으로 체중을 조절하고, 좋아하는 기호품을 절제함으로 몸의 컨디션을 최상의 상태로 유지합니다. 쉬고 싶은 마음, 놀고 싶은 마음을 절제하고, 매트 위에서 수천 번의 절제의 땀을 흘릴 때 자신의 종목에서 우승하고 메달을 딸 수 있습니다.

우리들도 믿음의 올림픽에 참여하는 자들입니다. 우리들이 썩지 않는 승리관을 딸 수 있는 방법은 절제입니다. 나의 욕심과 욕망을 절제하고, 하나님께서 주시는 것에 만족할 때 하나님은 우리에게 승리자의 관을 씌어 주실 것입니다. 절제의 단순함이 승리자가 누리는 화려함을 줍니다.

3. 버림을 받지 않기 위해 절제해야 합니다

내가 내 몸을 쳐 복종하게 함은 내가 남에게 전파한 후에 자신이 도리어 버림을 당할까 두려워함이로다 〈고전 9:27〉

한국의 유명 이단 중에 박태선의 천부교가 있습니다. 처음에는 박태선을 통해 수많은 병자들이 낫고, 놀라운 기적들이 나타났습니다. 그러나 박태선은 자신을 쳐 복종시키지 못했고, 스스로 교만하여졌으며, 결국 하나님께 버림을 받았습니다.

사도 바울은 너무나 많은 계시와 기적을 경험한 사람입니다. 그런 그를 하나님께선 교만하지 못하도록 육체의 가시를 주셨고(고후 12:7), 사도 바울은 육체의 가시와 함께 스스로 절제하고, 자족하는 일체의 비결을 배웠습니다(빌 4:12).

그러기에 하나님께선 바울을 크게 사용하셨고, 바울은 그리스도께 접붙임 되어 떨어지지 않는 믿음의 나무가 되었습니다.

열매 맺기

아래 세 가지 질문 중 하나를 선택해서 나누어 봅시다.

1. 다른 사람을 위해 나의 유익을 절제한 적이 있습니까?

2. 복음을 전하기 위해 절제한 적이 있습니까?

3. 나의 삶에서 가장 절제하기 힘든 부분은 무엇입니까?

한 주간 약속

소그룹에서 서로 토의하여 자유롭게 만들어 봅시다.
예) 한 주간 동안 익숙했던 것 절제하기(술, 담배, TV, 인터넷, 스마트폰).

여섯째마당

그리스도인의 경건

야고보서 1:26–27

찬송가 : 구주와 함께 나 죽었으니(407장), 주 음성 외에는(446장)

마음열기

하나님의 임재를 맛보는 경건 생활에 대해 정제된 지혜를 제공해 주는 고전으로는, 16세기 도미니크 수도회에 속했던 평신도 로렌스 형제의 《하나님의 임재 연습》을 들 수 있습니다. 이 책에서 그는 편지와 대화를 통해 눈, 코 뜰 새 없이 바쁜 일상생활 중에서도 어떻게 하나님의 임재하심을 계속 자각하며 살 수 있었는지에 대해 말하고 있습니다.

"하나님은 우리에게 무거운 짐을 지우시지 않는다. 때때로 하나님을 잠시 생각하고, 경배하며, 그분의 은혜를 간구하는 기도를 하며, 당신의 슬픔을 그분께 내려놓고, 슬픔 가운데서도 당신에게 주시며 이미 주신 은총들을 생각하고 감사하며 산다면, 하나님을 따르는 것이 힘든 일이 아님을 알 것이다. 하나님은 되도록 자주 당신이 하나님과 함께 당신의 슬픔을 위로하기를 원하신다. 당신이 식사할 때든지, 친구들과 함께 있을 때라도 당신의 마음을 하나님께 향하게 하라. 잠깐잠깐 하나님을 기억하는 것도 하나님께서 받으시기에 충분히 아름다운 것이다. 당신은 크게 외칠 필요가 없다. 하나님은 우리 생각보다 더 가까이 우리와 함께 계신다."

• 가장 최근에 하나님을 의식하며 지낸 적은 언제입니까?

성경과의 만남

사도 바울은 우리의 구원이 믿음으로 받는 것이라고 말합니다(롬 1:17). 우리는 믿음으로 구원을 받지만, 그러나 구원 받은 자는 마땅히 그 믿는 것을 행동으로 표현해야 합니다. 야고보 사도는 믿음을 행동으로 표현할 것을 요구합니다(약 2:7). 또한 그는 구원 받은 성도가 보일 믿음의 행동은 경건한 삶이라고 말합니다.

경건이란 행동입니다. 묵상과 명상의 수동적인 경건이 아닌, 구제와 선한 행실과 거룩한 언어를 통한 능동적인 경건을 말합니다. 야고보는 이러한 행함이 없는 믿음은 헛것이며 죽은 것으로 단정하며, 구원 받는 믿음은 참된 경건을 동반한 믿음이라고 충고하고 있습니다.

1. 참된 경건은 언어의 경건입니다

누구든지 스스로 경건하다 생각하며 자기 혀를 재갈 물리지 아니하고 자기 마음을 속이면 이 사람의 경건은 헛것이라 〈약 1:26〉

예수님은 사람을 더럽히는 것이 입으로 들어가는 것이 아니라, 사람에게서 나오는 것이 더럽게 한다고 말씀하셨습니다(막 7:20). 특별히 마음에서 나오는 것들의 통로가 입임을 강조하셨습니다(마 15:18). 야고보 사도는 경건의 첫 번째 단계가 바로 입의 경건임을 말하고 있습니다. 마음으로 품은 악한 생각들을 표현하는 입을 제어할 때 경건한 삶을 살 수 있습니다. 자그마한 불이 온 집을 태우듯, 몸의 작은 혀가 온 몸을 태울 수 있음을 경고하며 혀의 거룩한 사용을 권면합니다(약 3:5-6).

2. 참된 경건은 물질의 경건입니다

하나님 아버지 앞에서 정결하고 더러움이 없는 경건은 곧 고아와 과부를 그 환난 중에 돌보고 〈약 1:27〉

늦가을 감나무에서 감을 딸 때 모든 감을 다 따지 않고, 가장 높이 달린 몇 개를 남겨둡니다. 겨울에 까치를 비롯한 새들이 먹을 수 있는 '까치밥'입니다. 하나님은 이런 까치밥과 같은 제도를 만드셨습니다. 하나님은 사회적 약자인 고아와 과부 그리고 나그네에 많은 관심과 애정이 있으십니다. 그들을 사회적으로 배려하고, 의도적으로 배려 할 것을 말하십니다(신 24:19-21). 예수님은 '구제할 때 나팔을 불며 모든 사람이 알 수 있도록 하지 말고, 오른손이 하는 것을 왼손이 모르게 하며, 은밀하게 하라'고 말씀하셨습니다(마 6:2-4).

우리는 하나님과 예수님의 말씀에 따라 고아와 과부를 위한 구제를 은밀하게, 그러나 그들이 편안하게 그 혜택을 누릴 수 있도록 해야 합니다. 그들을 보살필 때 우리의 경건은 정결해집니다.

3. 참된 경건은 행위의 경건입니다

또 자기를 지켜 세속에 물들지 아니하는 그것이니라 〈약 1:27〉

그리스도인을 세상과 단절된 존재로 이해하는 사람들이 있습니다. 그러나 우리는 세상과 분리 될 수 없습니다. 우리는 세상 속에서 살아야만 합니다. 그러니 그리스도인은 세상과 구별되어야 합니다.

세상에 물들지 않는 방법은 날마다 우리의 의복을 빠는 것입니다. 어린양의 보혈에 우리의 옷을 씻어 희게 해야 합니다(계 7:14). 매일매일 목욕을 할 필요는 없지만, 날마다 우리의 발은 씻어야 합니다. 우리의 경건은 어린양 보혈의 능력에 있습니다. 비록 실수해서 잠시 더렵혀질 수 있지만, 어린양의 보혈은 능히 우리를 깨끗하게 하실 것입니다. 이 샘에 죄를 씻으면 정하게 될 것입니다.

열매 맺기

아래 세 가지 질문 중 하나를 선택해서 나누어 봅시다.

1. 나의 입술을 깨끗하게 하기 위해 어떠한 노력을 합니까?

2. 일주일 동안 타인을 위해 얼마나 내 지갑을 열었습니까?

3. 세속에 물들지 않기 위해 내가 노력하는 일은 무엇입니까?

한 주간 약속

소그룹에서 서로 토의하여 자유롭게 만들어 봅시다.
예) 한 주간 동안 불량스럽고, 상스러운 말 안 쓰기

일곱째마당

그리스도인의 형제우애

요한일서 4:11–21

찬송가 : 사랑하는 주님 앞에(220장), 사철에 봄바람 불어 잇고(559장)

마음열기

프랜시스 쉐퍼는 그의 저서 《20세기말의 교회》에서 이렇게 말합니다.

"교회는 죽어가는 문화 속에서 사랑하는 교회가 되어야 합니다. 그러면 죽어가는 이 문화 속에서 사는 사람들이 어떻게 우리를 주목할 수 있겠습니까? 예수님께서는 '너희가 서로 사랑하면 이로써 모든 사람이 너희가 내 제자인 줄 알리라'라고 말씀하셨습니다. 예수님께서는 당신과 내가 진정으로 거듭난 그리스도인인지 아닌지에 대해 판단할 수 있는 권리를 세상에 주고 계십니다. 그 판단의 기준은 다른 그리스도인을 사랑하고 있느냐 하는 것입니다."

• 나는 형제를 사랑함으로 복음을 증거 한 경우가 있습니까?

사도 요한은 사랑의 제자입니다. 그는 예수님께서 가장 사랑하는 제자였고(요 13:23), 예수님의 품에 의지하고 누었던 자입니다. 예수님의 사랑을 몸소 체험한 요한은 그의 편지에서 사랑의 중요성에 대해 강조하고 있습니다. 그는 우리의 사랑의 시초가 우리 자신에게 있지 않고 하나님께 있음을 강조하며, 서로 사랑하는 것이 마땅하다고 가르치고 있습니다.

예수님께서 가르친 가장 큰 계명인 '하나님 사랑과 이웃 사랑'을 친히 들었던 요한은 그 연장선상에서 이웃을 사랑해야 하는 이유를 설명하고 있습니다. 즉 하나님을 사랑하는 증거는 그 속에 하나님이 계신 이웃을 사랑하는 것이며, 이웃을 사랑할 때 성령께서 우리 안에 거하신다고 가르치고 있습니다.

1. 형제 사랑은 성도의 의무입니다

> 사랑하는 자들아 하나님이 이같이 우리를 사랑하셨은즉 우리도 서로 사랑하는 것이 마땅하도다 〈요일 4:11〉

대한국민 국민은 국방, 조세, 근로, 교육의 4대 의무가 있습니다. 천국 백성은 사랑의 의무가 있습니다. 하나님께선 사랑의 의무와 그 정도를 친히 보여주셨습니다. 하나님은 독생자 예수 그리스도를 우리에게 주실 정도로 사랑하셨습니다(요 3:16). 우리도 서로 사랑해야 합니다. 우리의 가장 귀한 것을 서로에게 주기까지 사랑해야 합니다.

우리가 서로 사랑하는 것은 마땅한 것이지만, 우리의 힘과 능력으로는 사랑할 수 없습니다. 하나님의 사랑을 경험하고, 그 사랑 안에 거하는 자만이 사랑할 수 있습니다. 내 이웃을 내 몸같이, 원수를 사랑하는 것은 아가페적인 사랑이 아니고선 할 수 없는 사랑입니다. 아가페의 사랑은 하나님의 사랑 안에 거한 자만이 나눌 수 있는 사랑입니다.

2. 형제 사랑은 평안과 기쁨입니다

사랑 안에 두려움이 없고 온전한 사랑이 두려움을 내쫓나니 두려움에는 형벌이 있음이라 두려워하는 자는 사랑 안에서 온전히 이루지 못하였느니라 〈요일 4:18〉

사랑은 우리의 마음속에 몰려드는 두려움과 공포를 몰아내는 빛입니다. 성자 예수님은 십자가 죽음의 두려움을 성부 하나님과의 하나됨과 사랑으로 이기셨습니다. 초대교회 성도들은 순교의 현장에서 서로를 격려하고 사랑함으로 죽음의 공포를 이길 수 있었습니다.

하나님은 아담이 독처하는 걸 좋아하지 않으셨고, 아담을 사랑하고 도와줄 하와를 만드셨습니다. 우리는 홀로 부름을 받은 것이 아니라, 교회공동체로 부름을 받았습니다. 내 옆에 있는 형제, 자매는 나를 사랑하고 나의 어려움을 도와주기 위해 하나님께서 붙여주신 자들입니다. 신앙생활 가운데 닥치는 많은 어려움과 고난은 혼자 힘으로 이겨내기 힘들 때가 있습니다. 그러나 우리가 사랑의 띠로 하나 될 때, 거친 파도와 삶의 풍파는 이겨낼 수가 있습니다.

3. 형제 사랑은 하나님 사랑의 증거입니다

> 누구든지 하나님을 사랑하노라 하고 그 형제를 미워하면 이는 거짓말하는 자니 보는 바 그 형제를 사랑하지 아니하는 자는 보지 못하는바 하나님을 사랑할 수 없느니라 〈요일 4:20〉

예수님은 하나님과 화목하고 하나님께 사랑을 표현하기에 앞서, 먼저 형제와 화목하고 사랑할 것을 말씀하셨습니다(마 5:23-24). 하나님은 눈에 보이지 않습니다. 눈에 보이지도 않고, 손으로 잡을 수 없는 하나님을 사랑하는 방법은 하나님께서 사랑하고, 그 하나님을 마음속에 모신 형제를 사랑하는 것입니다. 하나님을 마음속에 모신 형제를 사랑하는 것은 그 형제뿐만 아니라 형제 속에 계신 하나님을 사랑하는 것입니다. 따라서 하나님을 믿는 형제를 미워하는 것은 그 형제를 미워하는 것이 아니라 그 속에 계신 하나님을 미워하는 것입니다. 그렇기에 하나님을 사랑하는 자는 반드시 그 형제를 사랑해야 합니다. 이로써 그 사랑의 진정성을 확인 받기 때문입니다.

열매 맺기

아래 세 가지 질문 중 하나를 선택해서 나누어 봅시다.

1. 최근에 의식적으로, 의무적으로 형제를 사랑한 적이 있습니까?

2. 최근에 겪은 어려운 일 가운데 형제들의 사랑으로 극복한 일이 있습니까?

3. 형제를 사랑하기에 가장 어려운 부분은 무엇입니까?

한 주간 약속

소그룹에서 서로 토의하여 자유롭게 만들어 봅시다.
예) 한 주 동안 가족과 교회공동체 구성원에게 사랑한다는 문자 보내기

여덟째마당

그리스도인의 온유

◆

마태복음 5:5

찬송가 : 비둘기 같이 온유한(187장), 슬픈 마음 있는 사람(91장)

마음열기

마하트마 간디(M. Gandhi)는 키가 5척 밖에 되지 않는 볼품없는 모습에 무명옷을 입고 생활했지만, 그는 그의 유명한'무저항주의'를 통하여 인도를 영국으로부터 독립하게 했습니다. 1930년 3월 12일, 그를 따르는 온유한 무리들은 이른바 '소금의 행진'이라고 하는 시위를 했습니다. 소금 전매법을 반대하며, 소금을 만드는 곳을 향하여 인도의 독립을 외치며 나아갔습니다.

그는 수차례 투옥되었습니다. 그리고 나중에는 암살까지 당했습니다. 그러나 그는 바늘 하나 들어보지 않고, 돌 하나 던지지 않고, 3백 년 동안 지배하고 있던 영국으로부터 인도를 독립시키고야 말았습니다. 온유한 자가 땅을 차지합니다. 이것은 하나님의 약속입니다. 온유한 자의 마음에 평화가 깃듭니다. 새로운 영적인 능력을 가지고 땅을 차지합니다.

• 온유함으로 삶에서 유익을 얻은 적이 있습니까?

성경과의 만남

예수 그리스도는 온유한 분이십니다. 세례 요한의 세례를 받으실 때 하늘 문이 열리고 성령님께서 비둘기 모양으로 그 분 위에 임하셨습니다(막 1:10). 예수님은 자신의 옷에 손을 대고 치유함을 받은, 떨고 있던 여인에게 부드럽게 대하셨습니다(눅 8:48). 예수님은 자신을 죽이기 위해 잡으러 온 가룟 유다와 병사들을 온유함으로 대하셨습니다(마 26:52-53). 온유하고 겸손한

예수님은 도살장에 끌려가는 어린양같이 하나님께 순종하심으로 우리를 구원하셨습니다(사 53:7). 자신의 부활을 의심하던 도마에게 친절하게 부활의 증거를 보여주셨습니다(요 20:27). 온유한 예수님은 승리하셨고, 새 하늘과 새 땅을 영원토록 다스리시는 하늘 보좌에 앉으신 만왕의 왕이 되셨습니다.

1. 온유한 자는 부드러운 자입니다

나는 마음이 온유하고 겸손하니 〈마 11:29〉

신약성경에서 온유라는 단어는 '프라우스'입니다. 이 말은 야생 동물이나 사나운 동물이 잘 조련되고 길들여진 상태를 말합

니다. 거칠고 난폭하던 것이 온순하고 부드러워지는 것이 온유입니다. 예수님은 자신의 생각대로, 하고 싶은 대로 거칠게 행동하지 않으셨습니다. 오히려 참고 부드럽게 대하셨습니다. 심지어는 자신을 죽이기 위해 잡으러 온 자의 귀를 고쳐주셨습니다(눅 22:51).

예수님을 만나기 전에 우리는 우리의 혈기대로, 우리의 생각대로, 우리가 하고 싶은 대로 행하던 자였습니다. 그러나 예수님을 만나고 난 뒤 우리의 혈기와 육정은 예수님의 온유함으로 다스림을 받습니다. 부드러움이 가장 강함입니다.

2. 온유한 자는 낮은 자입니다

이 사람 모세는 온유함이 지면의 모든 사람보다 더하더라 〈민 12:3〉

온유의 히브리어는 '아나브'입니다. 이 말은 고통이나 고난을 받는다는 '아나' 동사에서 비롯되었습니다. 온유란 고통이나 고난의 결과로 주어지는 것입니다. 모세는 많은 고난과 고통을 당한 자였습니다. 이집트의 왕자에서 살인자로 추락하였고, 40년간을 광야에서 이름 없는 목자로 지냈습니다. 40년 이스라엘 지도자 생활 내내 백성들의 항의와 원망을 들으며 지냈습니다. 이런 많은 고난과 고통을견딘 모세를 하나님께서 가장 온유한 자라고 인정해주셨습니다.

하나님은 우리를 온유한 자로 만드시기 위해 종종 우리의 자리에서 우리를 낮추십니다. 그리고 고난과 고통의 터널을 지나게 하십니다. 이러한 과정 끝에 우리의 성품은 온유하게 다듬어집니다.

3. 온유한 자는 땅을 기업으로 받는 자입니다

온유한 자는 복이 있나니 그들이 땅을 기업으로 받을 것임이요 〈마 5:5〉

최후의 승자는 온유한 자입니다. 역사가 토인비는“칼로 쓴 나라는 결국 망하지만, 온유한 방침을 쓴 나라만이 결국 승리했다”고 말했습니다. 이 땅은 총과 칼을 가진 강한 자들이 다스리는 것처럼 보입니다. 그러나 그들의 땅의 소유는 잠시입니다. 결국 그 총과 칼로 망하기 때문입니다(마 26:52).

땅의 주인은 하나님이십니다. 땅이란 하나님의 통치가 임하는 곳입니다. 하나님은 온유한 자에게 땅을 주십니다. 예수 그리스도는 온유함으로 새 하늘과 새 땅을 차지하셨습니다. 그리고 예수님의 온유함을 가진 자는 그 분과 함께 새 하늘과 새 땅에서 왕 노릇할 것입니다. 온유한 자는 이 땅과 앞으로 올 땅을 차지할 것입니다.

열매 맺기

아래 세 가지 질문 중 하나를 선택해서 나누어 봅시다.

1. 최근에 내 혈기대로 하는 대신 참고 부드럽게 대한 일이 있습니까?

2. 온유함을 키우기 위해 내가 더 노력해야 할 부분은 무엇입니까?

3. 온유함으로 하나님이 주신 땅(삶의 영역)이 넓어진 적이 있습니까?

한 주간 약속

소그룹에서 서로 토의하여 자유롭게 만들어 봅시다.
예) 한 주 동안 가족들이나 직장동료들에게 온유하게 대하기

아홉째마당

그리스도인의 겸손

빌립보서 2:1–11

찬송가 : 겸손히 주를 섬길 때(212장), 예수 나를 오라하네(324장)

마음열기

성 어거스틴에게 기독교의 제일 되는 덕이 무엇이냐고 물었을 때 겸손이라고 대답했다고 합니다. 그래서 다시 그러면 두 번째로 큰 덕은 무엇이냐고 물었더니 다시 겸손이라고 대답했다고 합니다. 다시 세 번째로 기독교의 큰 덕이 무엇이냐고 물었더니 세 번째도 역시 겸손이라고 대답했다고 합니다.

겸손의 반대가 교만입니다. 악덕 가운데 제일 근본이 교만입니다. 교만은 악덕의 어미입니다. 반대로 겸손은 모든 덕의 근원입니다. 성경이 말하는 겸손은 비굴하거나 굽실거리는 것이 아닙니다. 겸손한 사람은 오히려 이 우주에서 가장 자유로운 사람이며 왕자이며 공주 같은 사람입니다. 참 겸손은 하나님 앞에서 하나님이 지어 주신대로의 자기 자신을 알고 하나님이 지어 주신대로의 자기 자신에 머무는 것이라고 말할 수가 있습니다. 그 이상도 그 이하도 아닌 정가 그대로 하나님의 저울에 자기를 달아 보고 하나님의 평가의 눈으로 자신을 보는 그것이 겸손입니다.

• 나는 어떤 상황에서 겸손한 모습을 보이십니까?

성경과의 만남

이 세상에서 가장 겸손한 분은 예수 그리스도입니다. 그분의 삶 자체가 겸손입니다. 가장 높은 보좌를 버리고 낮고 낮은 이 땅 위에, 연약한 인간의 모습으로 오신 성육신은 겸손의 결정체입니다.

성자 예수님은 성부 하나님, 성령 하나님과 하나 되는 삼위일체로 겸손의 본을 보이셨습니다. 예수님의 사역은 예수님 임의로 하신 것이 아니라, 자신을 보내신 아버지의 뜻을 행하는 것이었습니다(요 6:38). 세례요한의 만류에도 불구하고 예수님은 그의 세례를 받으심으로 모든 의를 이루시고(마 3:14-15), 겸손함으로 나귀 새끼를 타셨습니다(마 21:7). 그리고 강도와 함께 십자가에 못 박히심으로(마 27:38) 우리를 위한 구원 역사를 겸손으로 이루셨습니다.

이런 예수 그리스도를 하나님은 지극히 높이셨고, 모든 이름 위에 뛰어난 이름을 주셨으며, 모든 무릎을 예수의 이름에 꿇게 하셨고, 모든 입으로 예수를 주라 고백하게 하셨습니다.

1. 겸손은 한마음으로 마음을 합치는 것입니다

마음을 같이하여 같은 사랑을 가지고 뜻을 합하며 한마음을 품어 〈빌 2:2〉

공동체가 마음을 하나로 합치는 것은 겸손의 표현입니다. 특히 교회공동체는 서로를 사랑함으로 마음을 합쳐야 합니다. 다양성이 존재하는 공동체에서 한마음을 품는 것은 쉬운 일이 아닙니다. 그러나 서로를 사랑하고 이해할 때 내 생각을 내려놓고 뜻을 합할 수 있습니다.

삼위일체 하나님은 하나됨의 본을 보여 주셨습니다. 예수님은 제자들을 위한 기도에서 자신이 성부와 하나됨 같이 제자들도 하나가 되기를 기도하셨습니다(요 17:21). 우리가 서로 사랑하고 한마음을 품고 하나 될 때 세상은 우리 안에 있는 하나님의 사랑을 볼 것입니다.

2. 겸손은 자기보다 남을 낫게 여기는 것입니다

아무 일에든지 다툼이나 허영으로 하지 말고 오직 겸손한 마음으로 각각 자기보다 남을 낫게 여기고 〈빌 2:3〉

자신보다 뛰어난 사람을 낫게 여기는 것은 당연한 일입니다.

그러나 자신보다 낮은 사람을 낫게 여기는 것은 겸손함이 아니고선 할 수 없습니다. 교회공동체는 일반 사회와 같은 계급공동체가 아닌 사역의 공동체입니다. 교회의 사역은 그리스도의 몸을 세운다는 점에 있어서 본질적으로 모두 동등합니다(고전 12:12). 따라서 한 성령으로 세례를 받아 한 몸을 이룬 교회는 겸손함으로 서로를 낫게 여기고 섬겨야 합니다. 그러할 때 교회는 분쟁이 없고 그리스도의 몸으로 존귀함을 받을 것입니다(고전 12:24-25).

그리스도인은 예수님께서 세례요한의 세례를 받으신 사건을 통해, 서로의 사역을 존중해야 하는 이유를 발견할 수 있습니다. 예수님은 세례요한과 다투지 않으셨고 그의 사역을 인정하셨고, 칭찬하셨습니다. 우리들도 서로의 사역을 겸손한 마음으로 낫게 여겨야 합니다.

3. 겸손은 그리스도의 마음입니다

> 너희 안에 이 마음을 품으라. 곧 그리스도 예수의 마음이니
> 〈빌 2:5〉

겸손은 예수님의 마음이자 사랑의 표현입니다. 우리를 사랑하심으로 그 겸손을 나타내셨습니다. 성육신으로 겸손을 표현하셨고, 세리와 죄인들과 함께 식사하심으로 사랑의 마음을 나타냈으며(마 9:11), 십자가에 죽으심으로 하나님 아버지 뜻에 순종하는

겸손을 나타내셨습니다. 우리들도 예수님의 마음을 품어야 합니다. 겸손한 자만이 형제를 사랑할 수 있습니다. 겸손한 자만이 연약한 자의 손을 잡을 수 있습니다. 겸손한 자만이 가장 낮고 고통스러운 자리에 설 수 있습니다. 이 마음을 품게 하기 위해 예수님은 친히 본을 보이셨습니다.

열매 맺기

아래 세 가지 질문 중 하나를 선택해서 나누어 봅시다

1. 최근에 나와 다른 뜻을 품은 사람의 의견을 수용한 적이 있습니까?

2. 나와는 다른 사역을 하는 지체들의 사역을 칭찬한 적이 있습니까?

3. 예수님의 마음으로 다른 사람을 섬기기 위해 가장 필요한 것이 무엇입니까?

한 주간 약속

소그룹에서 서로 토의하여 자유롭게 만들어 봅시다.
예) 한 주 동안 가족들에게 겸손의 모습 보이기

6.
역사 속 그리스도인

첫째마당 위대한 신학자 어거스틴 • 둘째마당 종교개혁의 시작 마틴 루터 • 셋째마당 종교개혁의 사상가 칼뱅 • 넷째마당 세계 선교의 아버지 윌리엄 캐리 • 다섯째마당 영역 주권의 신학자 아브라함 카이퍼 • 여섯째마당 일사각오의 사람 주기철 • 일곱째마당 사랑의 원자탄 손양원 • 여덟째마당 신실한 개혁주의자 한상동

성경만 열심히 읽으면 되지 구역모임에서 교회사를 공부할 필요가 있나?라고 생각하는 교인들이 의외로 많습니다. 언뜻 듣기에 맞는 말 같습니다. 그러나 조금만 깊이 생각해 보아도 이것은 대단히 위험한 생각이라는 것을 금방 알 수 있습니다. 하나님은 역사 속에서 일해 왔고 각 역사 속에서 필요한 말씀의 사역자들을 보내셔서 자기 백성들을 인도하셨습니다. 따라서 교회사에 대한 무관심은 궁극적으로 하나님의 섭리에 대한 무관심입니다. 실제로, 성경만 열심히 읽는 무리들 중에 이단이 많은 이유가 바로 여기에 있습니다. 이번 과정을 통해서 하나님께서 교회사 속에 어떤 인물을 세우셔서 오늘의 교회를 이루셨는지를 생각해 보고자 합니다.

첫째마당

위대한 신학자 어거스틴

Augustine, 354-430

◆

로마서 13:13

찬송 : 사랑의 하나님 귀하신 이름은(566장 어거스틴 작사),
주는 나를 기르시는 목자요(570장)

마음열기

어거스틴이 살았던 시대에는 전쟁이 많았습니다. 전쟁은 목회자들에게 많은 과제를 안겨 주었습니다. 교회는 전쟁으로 인해 가장 많은 피해를 본 고아들과 과부들 그리고 가난한 자들을 돌아보아야 했습니다. 더 나아가 전쟁은 목회자들에게 아주 어려운 신학적 문제들을 제기하였습니다. 예를 들어 전쟁으로 인해 남편이 다른 나라에 포로로 끌려갔을 때, 신자인 아내가 다른 남편과 결혼을 할 수 있을까요? 또한 침략군이 쳐들어오고 있는데 목사는 예배당을 두고 피난갈 수 있을까요? 목회자들은 이런 어려운 질문들에 대해서 위대한 신학자였던 어거스틴에게 질문하였고 어거스틴은 그러한 일을 잘 감당하였습니다.

- 여러분들은 위에서 제기된 질문에 대해서 어떠한 성경적 답변을 가지고 있습니까?

성경과의 만남

어거스틴은 기원후 500년까지 서방교회가 낳은 가장 위대한 신학자입니다. 우리 한국 교회도 서방 교회에게 복음을 받았기 때문에 알게 모르게 어거스틴의 영향을 많이 받고 있습니다. 어거스틴은 로마 제국 말기에 살았습니다. 독실한 신앙인이었던 어머니 모니카 밑에서 자랐지만 형식적으로만 교회에 다녔을 뿐입니다. 어거스틴은 젊었을 때 방탕한 삶을 살았고, 세속적 학문에 관심을 많이 가져서 이방 종교나 철학을 공부하는 데 깊이 심취하였습니다. 그러나 하나님은 어머니 모니카의 간절한 기도를 들으셨습니다. 어느 날 어거스틴이 정원을 거닐고 있을 때 그는 어린이들의 노래 소리를 들었습니다. "집어서, 읽어라!" 어거스틴은 옆에 있었던 성경을 집어서 읽었는데, 그때 읽었던 부분이 로마서 13장 13절이었습니다. 이 말씀이 어거스틴에게 큰 감명을 주었고, 그 이후로 어거스틴은 하나님의 교회를 위한 위대한 교사이자 목회자가 되었습니다.

1. 아무에게 세례를 받아도 유효한가?

주도 한 분이시오. 믿음도 하나요. 세례도 하나요. 〈엡 4:5〉

어거스틴이 목회하던 곳은 도나투스를 따르는 사람들이 무리를 이뤄 아주 큰 영향력을 발휘하고 있었습니다. 이들은 박해 시절에 그리스도를 부인했던 목사들의 권위를 인정하지 않았습니다. 특별히 그들은 배교한 목사들이 시행하였던 세례를 인정하지 않았습니다. 왜냐하면, 그들이 하나님 앞에서 큰 죄를 지었기 때문에 그들이 베푼 세례도 죄로 오염이 되었다고 생각하였기 때문입니다. 이 생각은 큰 문제를 가져옵니다. 세례를 통하여 그리스도와 연합하여 한 교회를 이루고 믿음도 하나요, 세례도 하나이기 때문에 세례를 인정하지 않는다는 말은 도나티스트 교회 외에 다른 교회는 교회가 아니라는 것을 의미하기 때문입니다.

여기에 대해서 어거스틴은 세례는 본질적으로 인간의 행위가 아니라 하나님의 역사라는 점을 강조하였습니다. 즉 세례는 하나님이 우리에게 주신 선물이라는 것입니다. 따라서 누가 세례를 베풀었든지 그 세례를 베푼 사람은 하나님의 종일 뿐이고 세례 그 자체는 하나님께 속한 것입니다. 베드로가 세례를 베풀어도 그 세례는 주님의 세례고, 설령 예수님을 판 유다가 세례를 베풀어도 주님의 세례입니다. 세례는 베푸는 사람의 도덕적 · 영적 자질에 근거하지 않고 세례 자체의 올바른 시행(삼위 하나님의 이름)에 근거한다고 어거스틴은 주장하였습니다.

도나티스트들은 참된 신자들만으로 구성된 거룩한 교회를 추구하였기 때문에 어거스틴의 이러한 교회관을 신랄하게 비판하였습니다. 하지만 여기에 대해서 어거스틴은 참 교회 안에 알곡과 가라지가 섞여 있으며 오직 주님만이 마지막 날에 가려낼 것이라고 응수하였습니다. 결국 성경적인 어거스틴의 주장이 교회에 받아들여졌고, 그 결과 오늘날 대부분의 교회에서는 이미 다른 교회에서 세례를 받은 사람에게 다시 세례를 베풀지 않게 된 것입니다.

2. 하나님의 은혜란 무엇인가?

더욱 은혜와 의의 선물을 넘치게 받는 자들은 한 분 예수 그리스도를 통하여 생명 안에서 왕 노릇 하리로다. 〈롬 5:17b〉

어거스틴이 살았던 로마는 하나님을 믿는 황제가 다스리는 기독교 국가였습니다. 많은 사람이 태어나자마자 자동적으로 신자가 되는 경우가 많았습니다. 박해 때와 달리 교회 구성원들의 삶이 점차적으로 느슨해졌습니다. 이와 같은 상황에서 교회의 도덕적 개혁을 극단적으로 주장한 사람이 있었으니 영국 출신의 펠라기우스라는 사람이었습니다.

펠라기우스는 하나님의 은혜에 대해서 독특한 생각으로 설교하기 시작하였습니다. 그 당시 모든 교회 지도자들은 "인간은 하나님의 은혜로 구원을 받는다"는 성경적 가르침을 다 받아들였습니다. 이것은 펠라기우스도 마찬가지였습니다. 그러나 은혜가 무엇인가에 대하여 정해진 교리는 없었습니다. 은혜는 기본적으로 선물이라는 뜻인데, 펠라기우스는 창조, 율법, 그리스도, 자유의지를 하나님의 은혜로 보았습니다. 따라서 인간은 하나님의 선물이자 은혜인 자유의지를 사용하여 그리스도를 믿고 율법에 순종할 수 있으며, 이 때문에 궁극적으로 구원을 얻을 수 있다고 가르쳤습니다.

어거스틴은 펠라기우스의 주장에 아주 심각한 오류가 있다는 점을 정확히 알았습니다. 펠라기우스는 아담의 죄와 타락, 그리고 이로 인한 그 영향을 과소평가하였습니다. 창조 때와는 달리 인간은 죄 아래에 태어나고, 그 결과 더 이상 자유의지만으로 선한 것을 선택할 수 없는 비참한 속박의 상황에 처하게 된 것입니다. 따라서 하나님의 은혜는 율법이나 그리스도와 같은 외적인 것뿐만 아니라 성령 하나님께서 우리 안에서 역사하셔서 우리의 자유의지를 바꾸시고, 우리의 본성을 변화시키는 일까지도 하신다고 주장하였습니다. 펠라기우스에게 있어서 하나님의 은혜란 순전히 외적인 수단을 의미하지만, 어거스틴에 있어서 하나님의 은혜는 우리 안에서 역사하시는 내적인 사역을 의미합니다. 어거스틴의 견해가 교회에서 최종적으로 받아들여졌고, 그 결과 교회 안에서는 은혜의 복음이 계속 선포될 수 있었습니다.

열매 맺기

아래의 두 가지 질문 중 하나를 선택해서 나누어 봅시다.

1. 다른 교회(천주교 포함)에서 세례 받은 사람에게 또 세례를 주어야 할까요?

2. 하나님의 섭리와 하나님의 은혜가 어떻게 다를까요?

한 주간 약속

소그룹에서 서로 토의하여 자유롭게 만들어 봅시다.
예) 여러분이 속한 교회를 거룩하게 하기 위해서 할 수 있는 일 세 가지 정하기

둘째마당

종교개혁의 시작 마틴 루터

Martin Luther, 1483-1546

◆

로마서 1:17

찬송 : 내 주는 강한 성이요(585장), 어느 민족 누구게나(586장)

마음열기

교회 역사 동안 하나님의 교회는 크고 작은 오류를 종종 범하였고, 어떤 때에는 그 오류들이 너무나 심하여서 도대체 교회가 과연 하나님이 다스리시는 교회인지 아니면 강도의 소굴인지 분간하기가 어려운 경우도 있었습니다. 마틴 루터가 살았던 시대가 바로 그러하였습니다. 교회 지도자들은 베드로 성당과 같이 거대하고 화려한 건물을 짓는 데 관심을 두었고, 정작 관심을 두어야 할 성도들에 대해서는 무관심하였습니다. 그와 같은 건물을 지으려 하니 엄청난 돈이 들었고 그 돈은 성도들의 헌금에서 나올 수밖에 없었습니다. 헌금을 더 많이 거두어들이기 위해서 교회는 면죄부라고 알려진 면벌부와 같은 이상한 거짓 교리들을 활용하였습니다. 신부들은 연옥에 있는 가족이나 친구들이 지상에서 면벌부를 구입하면 즉시 천국으로 갈 수 있다고 선전하였고,

많은 이들이 이와 같은 선전에 속아 넘어갔습니다.

- 교회의 말과 성경의 가르침이 서로 상충된다고 생각하면 신자는 무엇을 따라야 할까요?

성경과의 만남

루터는 1483년 독일에서 태어났는데, 이 시기에 르네상스가 활발하게 진행되고 있었습니다. 사회와 경제가 발전하고 있었고, 무엇보다 대학에서 인문학이 급속하게 발전하고 있었습니다. 인쇄술의 발명으로 인해 지식과 정보가 빠른 시간 안에 광범위하게 전파될 수 있었습니다. 이런 변화들은 성경 해석에 큰 영향을 주었습니다. 이전과 달리 지식인들은 성경을 원래의 언어인 히브리어와 헬라어로 읽을 수 있게 되었습니다. 점차적으로 그 당시 보편적으로 사용되었던 라틴어 성경에 오역이 많이 있고, 그 오역 때문에 여러 가지 거짓 교리가 교회 안에 들어와 있다는 것을 사람들이 깨닫게 되었습니다. 안타깝게도 교회는 이러한 변화를 전혀 읽어내지 못하고 있었습니다. 오히려 성경보다는 교회가 더 권위가 있다고 주장하였습니다.

1. 하나님의 의(義)

복음에는 하나님의 의가 나타나서 믿음으로 믿음에 이르게 하나니 기록된 바 오직 의인은 믿음으로 말미암아 살리라 함과 같으니라. 〈롬 1:17〉

루터는 원래 똑똑한 학생이었습니다. 하나님이 그대로 두셨다면 루터는 세상에서 성공하여 남부럽지 않은 삶을 살다가 이 세상을 떠났을 것입니다. 어느 날 루터는 폭풍우가 치는 들판을 친구와 함께 걷고 있다가 벼락을 맞았는데, 친구가 그 자리에서 즉사를 하였습니다. 루터는 하나님의 진노를 크게 두려워하면서 수도사가 되기로 결심하고 수도원에 들어갔습니다.

폭풍우 속의 경험 때문인지 루터가 평생 동안 씨름하였던 신학적 문제는 "죄인이 의로우신 하나님 앞에서 어떻게 의롭다 인정을 받는가?"였습니다. 루터는 아무래도 "의로우신 하나님"을 좋아할 수 없었습니다. 그 당시 사고방식에 따르면 죄인을 죄인이라고 말하고, 의인을 의인이라고 말하는 것이 "의"였기 때문입니다. 죄인을 의인이라고 말하는 것은 거짓이며 불의였습니다. 따라서 죄인을 처벌하는 것이 하나님의 의일 수밖에 없다고 루터는 생각하였으며, 자신이 죄인이라고 생각한 루터는 의의 하나님을 심지어 증오하기까지 하였습니다.

그러나 이 모든 생각이 성경을 연구하고 설교하면서 점차적으로 바뀌게 되었습니다. 그는 로마서 1장 17절에 주목을 하였습니다. 루터는 하나님의 의가 복음에 나타났다는 점을 주목하였습니다. 그 결과 루터는 하나님의 의를 전혀 새로운 각도에서 보기 시작하였습니다. 죄인을 벌하는 것이 아니라 죄인을 용서하는 것이 하나님의 의라는 것을 깨달은 것입니다. 비로소 루터는 하나님의 의와 하나님의 자비가 서로 다른 것이 아님을 확신하게 되었습니다.

2. 진정한 회개

> 만일 우리가 우리 죄를 자백하면 그는 미쁘시고 의로우사 우리 죄를 사하시며 우리를 모든 불의에서 깨끗하게 하실 것이요. 〈요일 1:9〉

이미 말했듯이 교황청은 돈을 거두기 위해서 면벌부를 독일에서도 팔기 시작했습니다. 독일 민중들은 가난 속에서 고통을 당하고 있었는데, 거액의 돈이 이탈리아에 있는 교황청으로 가고 있었던 것입니다. 면벌부를 이해하기 위해서는 복잡한 로마 가톨릭 교리를 좀 알 필요가 있습니다. 로마 교회에 따르면 죄인이 진정으로 회개하기 위해서는 3단계의 과정으로 이루어진 고해성사 과정을 거쳐야 합니다. 자기의 죄를 진정으로 슬퍼해야 하고, 신부에게 자기의 죄를 고해해야 하고, 신부가 고백자에게 요구한 보속을 완전히 실천해야 합니다. 그런데 이 보속을 다 하지 못하고 죽게 되면 나머지 벌(잠벌이라고 함)을 연옥에서 받게 되는데, 이 벌을 사면해 주는 것이 바로 면죄부라고 흔히 알고 있는 면벌부(indulgence)입니다.

루터는 이 거짓 교리의 허구성을 공개적으로 논하기 위해서 자신이 가르치고 있었던 비텐베르크 대학에 그 유명한 95개 항목으로 된 명제문을 게시하였습니다. 이 명제문은 학생들뿐만 아니라 일반 지식인 사이에 큰 반향을 일으키면서 전 유럽에 급속도록 전파되었습니다. 이 명제문의 첫 항목은 다음과 같습니다. "우리 주님 예수 그리스도께서 '회개하라'고 외쳤을 때, 그분은 신자들의 전 삶이 회개가 되어야 함을 의미하는 것이었다." 즉, 회개란 외적인 종교적 의식을 수행하는 것이 아니고 우리의 삶 전체가 진정으로 죄에서 돌이키는 것이라는 사실을 루터는 강조한 것입니다. 이 첫 조항이야 말로 그 당시 로마 교회의 회개에 대한 교리 전체를 공격하는 것이었고, 이를 정확히 파악한 로마 교회는 종교 재판을 통하여 루터를 속히 제거하려고 하였습니다. 루터를 그대로 두었다가는 면벌부를 통해 벌어들이는 금전적 이익뿐만이 아니라 로마 교회의 기득권 전체가 위협을 받을 수 있었기 때문입니다.

루터는 자기의 견해를 철회하라는 로마 교회의 최후통첩에 목숨을 걸고 당당하게 거부하였습니다. 왜냐하면, 루터는 자신의 생각이 개인적인 사견이 아니라 하나님의 말씀에 근거하고 있다는 확신이 있었기 때문입니다. 하나님은 군주들을 통하여 루터를 보호하셨고, 그들의 보호 속에서 루터는 성경을 독일어로 번역하였고, 신학 논문을 발표하였고, 하나님의 말씀을 교회에 계속 선포할 수 있었습니다. 그의 헌신적인 사역의 결과로 복음에 근거한 개혁된 교회가 생겨날 수 있었습니다. 오늘날 모든 개신교회는 루터에게 큰 빚을 지고 있습니다.

열매 맺기

아래의 두 가지 질문 중 하나를 선택해서 나누어 봅시다.

1. 천주교회는 "성경 66권을 정한 것이 교회의 결정이기 때문에 교회가 성경보다 더 권위가 있다"고 주장합니다. 여기에 대해서 어떻게 답변할 수 있을까요?

2. 진정한 회개란 무엇일까요? 함께 나누어 봅시다.

한 주간 약속

소그룹에서 서로 토의하여 자유롭게 만들어 봅시다.
예) 종교개혁 기념일을 교회에서 의미 있게 보내도록 계획 세우기

셋째마당

종교개혁의 사상가 칼뱅

John Calvin, 1509-1564

디모데후서 3:16-17

찬송 : 날 구속하신(548장, 칼뱅 작사), 내 주여 뜻대로(549장)

마음열기

루터가 독일에서 교회를 개혁하고 있는 동안 스위스에서는 츠빙글리라는 위대한 설교자이며 신학자가 종교개혁을 주도하고 있었습니다. 그러나 아쉽게도 그는 가톨릭 군대와의 전투에서 군목으로 병사를 돌보다가 전사하고 말았습니다. 거대한 로마 교회의 교권 앞에서 쓰러져 가는 개혁교회를 다시 살려낸 인물이 바로 칼뱅입니다. 칼뱅의 영향력으로 인해 유럽 대륙에서는 개혁교회(Reformed Church)가, 영국과 미국에서는 장로교회(Presbyterian Church)가 설립될 수 있었습니다. 칼뱅은 종교개혁의 제 2세대에 속하는 인물로 이전의 개혁가들이 남긴 유산들을 체계적으로 정리하고 발전시켜 다음 세대가 참 교회를 굳건하게 계속 설립할 수 있는 토대를 제공하였습니다. 한국의 장로교회가 칼뱅의 가르침을 귀하게 보는 이유가 바로 여기에 있습니다.

• 장로교회는 왜 목사교회나 집사교회로 불리지 않고 장로교회라고 불릴까요? (참고로, 장로가 있기 때문에 장로교회라고 불리지는 않습니다)

성경과의 만남

칼뱅은 프랑스 누아용 이라는 도시에서 1509년에 태어났습니다. 독실한 천주교 신자로서 어렸을 때는 훌륭한 학자가 되는 것이 꿈이었습니다. 그러나 30대 초반에 하나님의 신비로운 역사를 통하여 종교개혁의 복음을 받아들였고 자신의 학자적인 은사를 발휘하여 27세에 《기독교 강요》라는 기념비적인 작품을 출판하였습니다. 그 뒤로도 여러 번의 증보판이 나왔는데, 《기독교 강요》는 오늘날에도 가장 영향력 있는 신학 저서로 인정받고 있습니다. 이 책의 출판으로 인해 그는 종교개혁의 지도자 중의 한 명이 되었고 제네바의 개혁을 이끌고 있던 파렐 목사의 강권적 청빙을 받아 제네바에서 목회와 신학 교수 사역을 하게 되었습니다. 그의 사역으로 인해 작은 도시에 불과하였던 제네바는 유럽 종교개혁의 중심 센터 역할을 하게 되었습니다.

1. 성경을 지극히 사랑한 사람

모든 성경은 하나님의 감동으로 된 것으로 교훈과 책망과 바르게

함과 의로 교육하기에 유익하니 〈딤후 3:16〉

칼뱅은 다른 누구보다도 성경을 사랑하였습니다. 칼뱅은 교권을 강조한 로마 교회와 맞서기 위해서는 일반 성도들이 성경의 뜻을 분명히 알도록 도와 줄 필요성을 강하게 느꼈습니다. 그 결과 칼뱅은 평생 동안 성경을 주석하는 데 가장 많은 힘과 노력을 경주하였습니다. 구약의 몇 권과 신약의 요한계시록을 제외하고는 성경의 모든 책을 주석하여 편찬하였습니다. 칼뱅의 주석이 얼마나 뛰어난 지, 수백 년이 지난 오늘에도 그의 주석은 많은 목회자들에게서 읽혀지고 있습니다. 그의 주석은 학적으로도 뛰어날 뿐 아니라 수많은 경건한 통찰력을 담고 있기 때문에 많은 목회자들에게 사랑을 받고 있습니다.

칼뱅은 성경을 주석했을 뿐 아니라 성경을 쉽고 체계적으로 이해할 수 있도록 도와야 할 필요성을 느꼈습니다. 기존의 신학책들은 일반적으로 너무나 방대하고, 주변적이고, 세세하고, 사변적이기 때문에 오히려 성경을 읽는 데 방해가 되었습니다. 이를 극복하기 위해서 칼뱅은 성경의 중요한 가르침들을 찾아내고 그것들을 간단하고 명료하게 체계적으로 구성하였습니다. 이 책이 바로 앞에서 언급한 《기독교 강요》입니다. 이 책을 통해 설교가들은 성경의 중심 메시지를 쉽게 찾아 낼 수 있었고 설교를 일관성 있게 할 수 있게 되었습니다. 쉽게 말해서 성경에 대한 길잡이 역할을 하는 책이 바로 《기독교 강요》입니다.

칼뱅은 신학자이자 주석가였을 뿐 아니라 훌륭한 설교가이기도 하였습니다. 그 당시 설교단에서는 하나님의 말씀과 인간적 가르침이 뒤섞여서 선포되고 있었습니다. 칼뱅은 순수한 말씀의 선포야말로 참 교회의 가장 중요한 표지라고 생각하고 이 일에도 많은 힘을 쏟았습니다. 제네바 시의회는 칼뱅의 설교의 중요성을 인식하고 서기로 하여금 그것을 기록하도록 하였습니다. 그 중의 일부분은 소실되어 없어졌지만 상당 부분은 남아 있고 또한 다른 언어로 번역이 되어 교육을 제대로 받지 못한 목사들에게 좋은 설교의 모범이 되었습니다.

2. 교육가로서의 칼뱅

> 이는 하나님의 사람으로 온전하게 하며 모든 선한 일을 행할 능력을 갖추게 하려 함이라. 〈딤후 3:17〉

칼뱅은 참된 교회가 굳건히 계속 남아 있기 위해서는 좋은 목사를 길러내는 것이 절대적으로 필요하다고 생각하였습니다. 그의 주석, 신학 저술, 설교가 바로 그런 일을 위한 것이었습니다. 그러나 이것만으로 부족하다고 느꼈고, 목사들을 제도적으로 양성하는 기관인 학교를 설립해야 한다고 생각하였습니다. 이것은 작은 도시였던 제네바가 시행하기에는 힘에 부치는 일이었지만 칼뱅은 이 일을 추진하여 제네바 아카데미라는 학교를 만들고,

자신의 후계자였던 베자를 학장으로 임명하였습니다. 그 자신이 이 학교에서 직접 가르치기도 하였습니다.

이 학교의 시작은 미미하였지만 온 유럽에 그 명성이 알려져서 수많은 젊은이들이 신학을 배우기 위해 이곳으로 몰려들었습니다. 이곳에서 철저하게 훈련 받은 목사들이 유럽 각국에 파송되어서 곳곳에 개혁 교회를 세우는 데 큰 역할을 하게 되었습니다. 비록 그는 1564년에 하나님의 부르심을 받았지만, 그에게서 가르침을 받은 수천 명의 후진들은 그의 가르침을 이어 받아 개혁 교회를 흔들리지 않은 반석 위에 올려놓았습니다.

학교의 중요성에 대한 칼뱅의 인식은 이후의 교회의 역사에도 그대로 이어져 내려오고 있습니다. 미국으로 이민을 간 청교도들은 신실한 목사들을 양성하기 위해서 하버드, 예일, 프린스턴, 그리고 나중에는 웨스트민스터 같은 학교를 설립하였습니다. 네덜란드에서도 아브라함 카이퍼 같은 뛰어난 인물들이 자유 대학을 설립하였습니다. 한국교회 역시 신학교를 설립하여 유능하고 경건한 목회자를 양성하고 있습니다.

열매 맺기

아래의 두 가지 질문 중 하나를 선택해서 나누어 봅시다.

1. 성경을 사랑한다고 해서 일반 성도가 칼뱅처럼 설교를 하거나, 신학 책을 저술하거나, 주석을 쓸 수는 없을 것입니다. 성경을 사랑하는 일반 성도들이 할 수 있는 일은 무엇일까요?

2. 성도들이 성경 읽을 시간도 부족한데, 경건 서적을 읽는 데 시간을 할애하는 것이 신앙에 도움이 될까요?

한 주간 약속

소그룹에서 서로 토의하여 자유롭게 만들어 봅시다.

예) 자신이 속한 교단의 신학교를 검색해 알아보기. 고신 교단의 고려신학대학원 등.

넷째마당

세계 선교의 아버지 윌리엄 캐리

William Carey, 1761-1834

마태복음 28:18–20

찬송 : 너 시온아 이 소식 전파하라(501장), 빛의 사자들이여(502장)

마음열기

"하나님으로부터 위대한 일을 기대하라. 하나님을 위해 위대한 일을 시도하라!" 18세기 말과 19세기 초 근대적인 세계 선교의 문을 본격적으로 연 캐리가 외친 이 유명한 말은 수많은 신자들의 가슴에 불을 질렀습니다. 예수님께서 부활하신 후 제자들에게 나타나셔서 "너희는 모든 족속으로 제자를 삼으라"는 명령을 주셨습니다. 승천하시기 직전에도 우리 주님은 "땅 끝까지 이르러 내 증인이 되라"고 명령하셨습니다. 이 두 말씀은 신자라면 누구나 다 알고 있는 매우 익숙한 말씀입니다. 하지만 이 주님의 명령은 교회에서 오랫동안 성도들에게 의미 있는 영향을 주지 못했습니다. 왜냐하면, 교회의 많은 지도자들이 예수님의 이 말씀을 사도들에게만 적용시켰기 때문입니다. 따라서 일반 성도들이 세계 선교에 열정적으로 관심을 가질 이유가 없었습니다. 캐리는 주님의 말씀을 모든 성도들에게 적용시켰고 스스로가 '위대한 일'

을 시도하여 '세계 선교의 아버지'라는 명성을 얻게 되었습니다.

- 성경의 모든 말씀을 자신에게 직접 적용하는 것이 반드시 옳은 것은 아닙니다. 성경의 말씀을 어떻게 자신에게 적용하는 것이 좋을까요?

성경과의 만남

윌리엄 캐리는 영국의 한 작은 시골에서 1761년에 출생하였습니다. 어렸을 때부터 머리가 좋아서 글자를 깨우치고 라틴어와 헬라어를 공부하기도 하였지만 아버지의 강요로 구두 수선공이 되었습니다. 수선공으로서 평범한 삶을 마칠 뻔한 캐리는 19살 때 어느 기도 모임에 갔다가 강력한 말씀을 체험하게 되었습니다. "그러므로 예수도 자기 피로써 백성을 거룩케 하려고 성문 밖에서 고난을 받으셨느니라. 그런즉 우리는 그 능욕을 지고 영문 밖으로 그에게 나아가자"(히 13:13). 이 말씀을 통해서 캐리는 자신의 전 삶을 주님을 위해서 헌신하기로 결심하였습니다. 처음에 캐리는 자신의 은사를 잘 살려서 무엇보다 성경 연구에 전념하였습니다.

훌륭한 목사로서의 평범한 삶을 살게 될 캐리에게 두 번째 중요한 사건이 일어났습니다. 그는 어느 날 《쿡 선장의 마지막 항해》라는 책을 읽었는데, 그 책은 쿡 선장이라는 사람이 미지의 세계에서 경험했던 여러 가지 신기한 이야기로 가득 차 있었습니다. 그 중에서 미개한 원주민들의 야만적이고 비참한 풍습들(식인이나 순장제도)도 자세히 기록되어 있었습니다. 캐리는 그 책을 읽으면서 그들에게 깊은 동정심을 느꼈고, 그들이 그렇게 비참하게 살아가는 이유가 복음을 듣지 못했기 때문이라는 생각이 들자 선교에 대한 강한 열정을 가지게 되었습니다.

1. 선교회를 조직하다

예수께서 나아와 말씀하여 이르시되 하늘과 땅의 모든 권세를 내게 주셨으니 〈마 28:18〉

캐리가 소속된 교회는 칼뱅주의적 전통을 강하게 가지고 있었던 '특정 침례교회'(Particular Baptist Church)라는 곳이었습니다. 그는 선교에 대한 불붙는 열정을 가지고 목회자들의 모임에서 열변을 토하기 시작하였습니다. 어떤 이들은 "하나님께서 이방인을 개종시키고자 진정으로 원하신다면 우리의 노력 없이도 얼마든지 하실 수 있을 것"이라고 냉소적인 반응을 보이기도 하였습니다. 이러한 반응에 굴하지 않고 캐리는 자신의 선교적 열정을 책에 담아 출판하였으니 그 책이 바로 《이교도 개종에 대한 그리스도인의 의무에 관한 연구》입니다.

이 책이 베스트셀러가 되면서 수많은 사람들에게 세계 선교에 대한 열정을 불러일으켰습니다. 특히 "위대한 일을 기대하고, 시도하라"는 캐리의 메시지는 "지금은 때가 아니니 기다려야 한다"는 신중론자들에게 대한 정면 도전이었습니다. 이 책에서 캐리는 그리스도의 지상 명령이 모든 신자에게 주어진 명령이라는 것을 강조하였고 교회의 역사를 통하여 선교의 당위성을 증명하였습니다. 특별히 그는 이 선교적 비전을 구체적으로 실현하기 위해 교단 내에서 선교회를 조직할 것을 제안하였습니다. 그의 메시지에 감동을 받은 목사들이 역사상 세계 최초로 교단 내에서 선교회를 조직하였고, 이것은 19세기에 영국이 세계 선교를 주도하게 되는 결정적인 계기가 되었습니다.

2. 본인이 선교사로 인도에 가다

> 그러므로 너희는 가서 모든 민족을 제자로 삼아 아버지와 아들과 성령의 이름으로 세례를 베풀고 내가 너희에게 분부한 모든 것을 가르쳐 지키게 하라. 볼지어다 내가 세상 끝날까지 너희와 항상 함께 있으리라 하시니라. 〈마 28:19-20〉

세계 선교를 외쳤던 캐리는 결국 자신이 선교사로 가야 할 소명을 확신하게 되었습니다. 그가 가고자 하는 나라는 인도였습니다. 그 당시 인도는 남편이 죽으면 아내가 따라서 불에 타 죽어야 했고, 어린 자녀들이 신으로 간주되는 갠지스 강에 던져지기도 했던 야만과 미신의 나라였습니다. 캐리의 결정에 대해서 부모, 아내, 심지어 자신이 섬기던 교회 성도들까지 강하게 만류하였습니다. 성도들은 훌륭한 목사를 다른 곳으로 보내고 싶지 않았습니다. 사랑하는 아내는 무엇보다 자식들이 걱정이 되었습니다. 타국에서 어린 자녀들에게 무슨 일이 일어날지 어떻게 알겠습니까? 실제로 캐리는 인도에서 자녀 하나를 병으로 잃었고 사랑하는 아내가 정신병자가 되기도 하였습니다.

인도를 향한 캐리의 위대한 시도는 처음부터 큰 역경에 부딪히게 되었습니다. 가족들이 병에 시달려야 했고, 이질적인 음식에 적응하는 것도 쉽지 않았으며, 국가 외교 정책에 따라 선교 사역이 큰 영향을 받기도 하였습니다. 실제로 7년간 사역을 하였지만 단 한 명의 개종자도 나오지 않았습니다. 그러나 그의 선교 사역은 중단되지 않았습니다. 무엇보다도 성경 번역 사업을 착실하게 추진하였으며, 하나님께서는 신실하고 유능한 동역자들을 붙여 주셔서 캐리와 협력하게 하였습니다.

시간이 지나자 마침내 하나님께서 놀라운 결실들을 보여 주기 시작하였습니다. 인도 사역의 남은 기간 동안 수백 명이 세례를 받았고 수천 명이 예배에 참석하였습니다. 성경 번역 사업도 확장되어서 44개가 넘는 언어로 성경이 번역되기도 하였습니다. 무엇보다도 캐리의 성공적 사역으로 인하여 많은 사람들이 선교사로 자원하였고, 그 결과 근대적 선교의 시대가 본격적으로 열리게 되었습니다. 윌리엄 캐리는 자신의 달려갈 길을 마치고 그가 평생 동안 사랑했던 인도 땅에 묻혔습니다.

열매 맺기

아래의 두 가지 질문 중 하나를 선택해서 나누어 봅시다.

1. 선교가 교회 사역 속에서 다른 교회 활동(예배, 봉사 등)과 비교해 볼 때 어느 정도의 비중을 차지해야 하겠습니까?

2. 신실하고 유능한 선교사를 양성하기 위해서 교회가 해야 할 일은 무엇일까요?

한 주간 약속

소그룹에서 서로 토의하여 자유롭게 만들어 봅시다.

예) 자신이 출석하고 있는 교회가 지원하는 선교사를 위해서 시간을 정하여 기도하기

다섯째마당

영역 주권의 신학자 아브라함 카이퍼

Abraham Kuyper, 1837-1920

◆

로마서 11:33-36

찬송 : 주 은혜를 받으러 모여 온 우리(39장, 전통적 네덜란드 찬송),
찬송으로 보답할 수 없는(40장)

마음열기

우리에게 튤립과 히딩크의 나라로 알려진 네덜란드는 일찍부터 칼뱅의 신학을 수용하여 튼튼한 개혁교회를 수립하였습니다. 벨직 신앙고백서, 하이델베르크 요리문답, 그리고 도르트 신경은 네덜란드 개혁교회의 근본이 되는 신조들입니다. 그러나 17세기의 거대한 합리주의 흐름은 교회에도 큰 영향을 미치게 되었습니다. 로마 가톨릭의 교권주의도 문제였지만 이성을 최고의 재판관으로 생각하는 합리주의도 교회에 큰 해를 미쳤습니다. 국가는 교회를 통제하려고 하였고 말씀의 순수성보다는 학문의 자유를 우선시하는 정책을 펼쳤습니다. 신학교 안에는 성경의 신적 권위를 부정하는 교수들이 교수직을 차지하게 되었습니다. 그들에게서 배운 신학생들도 점차 합리주의에 물들었고 그들로부터 설교를 듣는 성도들도 그 영향을 받지 않을 수 없었습니다.

네덜란드 개혁교회는 원래의 참된 개혁신앙으로부터 점점 멀어져 갔습니다. 하지만 하나님은 이 교회를 그대로 두지 않으시고 한 인물을 일으키셔서 교회를 새롭게 하셨으니 바로 아브라함 카이퍼입니다.

• 네덜란드 교회는 한국 교회와 어떤 교류를 가지고 있을까요?

성경과의 만남

카이퍼는 목사 아들로 자랐습니다. 그리고 목사가 되기 위해서 신학 공부를 하였습니다. 카이퍼는 그 당시 다수를 차지하고 있었던 합리주의의 영향을 받은 교수들 밑에서 영향을 받으며 공부하면서 개혁신학의 유산들을 무시하였습니다. 예를 들면, 카이퍼에게 있어서 예수님은 인류의 죄를 대속하기 위해서 십자가에서 돌아가신 구세주가 아니라 자신의 신념 때문에 대적자들에게 희생당한 순교자였을 뿐이었습니다. 학교를 졸업하고 카이퍼는 어느 시골 교회에서 목회를 시작하였습니다. 그곳에서 카이퍼는 개혁신학을 지켰던 소박한 한 농부의 아내를 만나 교제하였고, 그 결과 자신이 신학교에서 배웠던 것을 버리고 원래의 참된 개혁신학을 회복하게 되었습니다. (연약한 한 여인이 위대한 신학자의 생각을 바꾸게 한 것입니다!) 그 이후 카이퍼는 자신의 모든 재능을 활용하여 진리에서 벗어난 네덜란드 교회를 원래의 신앙으로 회복시키는 데 전 생애를 바쳤습니다.

1. "한 치라도 주의 것"

깊도다 하나님의 지혜와 지식의 풍성함이여, 그의 판단은 헤아리지 못할 것이며 그의 길은 찾지 못할 것이로다. 〈롬 11:33〉

참된 신앙을 회복한 카이퍼는 자신의 영향력을 확대하기 시작하였습니다. 조그만 시골교회를 떠나서 우트레히트와 암스테르담과 같은 큰 도시에서 목회 활동을 이어갔습니다. 카이퍼는 교회가 국가로부터 독립하지 않는 한 교회의 근본적 개혁은 불가능하다고 생각하였습니다. 그래서 그는 교회가 국가로부터 완전히 독립해야 하며 교육이나 문화의 영역 역시 국가의 통제에서 벗어나야 한다고 생각하였습니다. 영역주권 이론은 이 생각을 이론적으로 뒷받침하기 위하여 카이퍼가 발전시킨 것입니다.

카이퍼는 하나님이 이 세상 모든 영역의 주권자라고 생각하였습니다. "한 치라도 주의 것"이라는 경구는 카이퍼의 생각을 가장 잘 표현하고 있습니다. 각 영역은 하나님만을 주인으로 섬기고 있기 때문에 어느 한 영역이 다른 영역을 침범하는 것은 하나님의 주되심에 대한 도전이라고 할 수 있습니다. 국가는 국가의 고유 영역이 있고, 교회 역시 자신의 고유 영역이 있습니다. 따라서 국가가 교회의 일을 간섭하거나 학교 교육에 간섭하는 것에 대해서 카이퍼는 격렬하게 반대하였습니다.

카이퍼는 매우 실천적인 인물이었기 때문에 자신의 생각을 머릿속에만 담아 두지 않았습니다. 우선 〈헤라우트〉라는 시사 주간지의 협동 편집인을 맡으면서 자신의 개혁 사상을 이것을 통해 세상 사람들에게 알렸습니다. 그는 교회, 정치, 문화, 교육 등에 대해서 자신의 깊은 통찰력을 세상에 알렸습니다. 카이퍼는 그 모든 영역이 하나님의 소유이기 때문에 타락된 이 세상을 하나님의 뜻에 일치시키려고 노력하는 것이 신자의 마땅한 의무라고 생각하였습니다. 그는 자신의 생각을 구체적으로 실현시키기 위해서 반혁명당이라는 보수 정당에 가입하여 국회의원이 되었고 마침내 그 당의 당대표가 되어 수상의 자리에까지 올랐습니다.

2. 삶의 체계로서 칼뱅주의

> 이는 만물이 주에게서 나오고 주로 말미암고 주에게로 돌아감이라. 그에게 영광이 세세에 있을지어다. 아멘 〈롬 11:36〉

카이퍼의 명성은 대서양을 건너서 미국까지 알려지게 되었고, 그 당시 미국 장로교회의 대표 학교였던 프린스턴 대학은 그를 강사로 초청했습니다. 그때 그 강의 제목은《칼뱅주의에 대한 강연(Lectures on Calvinism)》이었습니다. 이 강연은 너무나 유명하여 책으로 출판되었고 개혁신앙을 고백하는 신자들에게 오늘날까지 영향을 미치고 있습니다. 이 강연은 국가, 사회, 정치, 학문, 심지어 예술에 관한 근본적인 문제들까지 심도있게 다루고 있습니다. 카이퍼에게 있어서 칼뱅주의 혹은 개혁주의는 단지 성경에 대한 칼뱅의 가르침이나 개혁교회의 신조에 국한된 것이 아닙니다. 칼뱅주의는 삶의 체계이며 세계관입니다. 칼뱅주의는 삶에 대한 하나의 세계관이기 때문에 진정한 칼뱅주의자들은 삶의 방식이 불신자나 이교도들이나 로마 가톨릭 신자와도 다르고 심지어 루터파나 침례교와도 다를 수밖에 없습니다.

삶의 체계로서 칼뱅주의는 하나님과의 관계, 세계와의 관계, 그리고 인간과의 관계에 있어서 성경적 가르침을 다른 기독교 종파들보다 훨씬 더 참되게 구현하였다고 카이퍼는 주장하였습니다. 칼뱅주의는 하나님을 이 세상의 절대적 주권자로 분명히 고백하고 있다는 점에서 그 독특성을 가지며 이 생각은 세상을 보고 인간을 보는 관점에도 영향을 미칩니다. 인간은 이 세상을 섬기도록 하나님의 지으심을 받았으며 이 세상은 하나님의 피조물로서 하나님께 영광을 돌리도록 해야 합니다. 카이퍼의 영향을 받은 개혁주의 신자들은 이전과는 달리 이 세상의 영역에 보다 적극적으로 뛰어들어 세상을 변화시키는 일에 힘쓰게 되었습니다.

열매 맺기

아래의 두 가지 질문 중 하나를 선택해서 나누어 봅시다.

1. 전도하여 불신자의 영혼을 구하는 것과 사회에서 봉사하여 세상을 변화시키는 것 중에서 무엇이 더 중요할까요?

2. 카이퍼에 따르면 교육에 대한 책임을 누가 져야 할까요? (정부, 학부모, 교사, 학생, 시민 단체)

한 주간 약속

소그룹에서 서로 토의하여 자유롭게 만들어 봅시다.
예) 자기가 속한 영역에서 아주 작은 것이라도 변화시키기

여섯째마당

일사각오의 사람 주기철

1897-1944

◆

요한계시록 2:10

찬송 : 서쪽 하늘 붉은 노을(158장, 주기철 작사), 십자가 군병들아(352장)

마음열기

일제 강점기는 한국교회에도 큰 시련의 기간이었습니다. 그 중의 가장 큰 시련은 일제의 신사참배 강요였습니다. 시간이 흐르면서 일본 제국주의자들은 조선을 일본화시키는 정책을 강제로 실시하였습니다. 조선의 역사를 왜곡시키는 것은 물론이고, 일본어만 사용하도록 강요하였고, 우리의 정신마저 개조시키기 위해서 자신들의 신을 섬기도록 압력을 가하였습니다. 수치스럽게도 한국교회 대부분의 지도자들은 이 일제 앞에 굴복하여 신사참배가 국민의례이고 우상숭배가 아니라는 궤변을 늘어놓았습니다. 어떤 이들은 고문과 협박에 못 이겨서 굴복한 경우도 있었으나 적지 않은 이들은 일제의 앞잡이가 되어서 신사참배를 교인들에게 선동하고 자발적으로 모범을 보이기도 하였습니다. 이와 같은 거대한 배교의 흐름 속에서 죽기를 각오하고 신앙을 지켰던 소수의 성도들이 있었는데, 그 중의 한 분이 주기철 목사였습니다.

• 로마 가톨릭교회는 순교자들을 너무 신성하게 생각하는 경향이 있는 반면에 개신교회는 그들의 신앙과 삶을 너무 무시하는 경향을 보입니다. 우리가 어떤 관점을 가지고 순교자들을 바라보아야 할까요?

성경과의 만남

주기철 목사가 남긴 설교 중에 "일사각오"라는 설교가 있습니다. 이 설교를 통해 우리는 오늘도 주기철 목사를 만날 수 있습니다.

[예수의 삶 전체는 남을 위한 것이었다. 이 세상에 탄생하심도 남을 위하심이오 십자가에서 죽으심도 죄인을 (구원하기) 위하심이었나니 이 예수를 믿는 자의 행위도 또한 남을 위한 희생이라야 한다. 세상 사람은 남을 희생하여 자기의 이익을 도모하지만 예수교는 자기를 희생하여 남을 구원하는 것이다. 자기가 죽고 이웃을 사랑하는 일(殺身愛人), 그 얼마나 숭고한 정신이며 그 얼마나 거룩한 행위이냐?]

주기철 목사의 위대함은 그가 설교한 대로 살았다는 것입니다. 그는 자신의 목숨을 포기함으로 많은 사람들을 생명이신 예수님께로 인도하였습니다.

1. 네가 죽도록 충성하라, 그리하면 내가 생명의 면류관을 네게 주리라!

> 너는 장차 받을 고난을 두려워하지 말라. 볼지어다 마귀가 장차 너희 가운데에서 몇 사람을 옥에 던져 시험을 받게 하리니 너희가 십일 동안 환난을 받으리라. 네가 죽도록 충성하라. 그리하면 내가 생명의 관을 네게 주리라. 〈계 2:10〉

주기철 목사는 경남 창원에서 출생하여 오늘날 연세대학교의 전신인 연희전문학교에 입학하였습니다. 건강이 좋지 않아 다시 귀향하여 웅천교회에서 집사로 섬기다가 그 당시 전국적으로 유명한 부흥사였던 김익두 목사의 설교를 듣고 큰 감명을 받아 목사가 되기로 결심하였습니다. 평양신학교를 졸업하고 부산 초량교회와 마산 문창교회에서 목회를 하다가 독립 운동가였던 조만식 장로의 청빙을 받아 평양의 산정현교회에 부임을 하였습니다.

부임하고 나서 신사참배에 반대했다는 이유로 여러 번 투옥 되었다가 풀려나기를 반복합니다. 그 이후 한국 장로교 총회는 일제에 굴복하여 신사참배가 하나님의 계명에 위배되지 않는다고 결정을 하였습니다. 심지어 주기철 목사가 속한 평양노회는 일제의 앞잡이가 되어 신사참배 결의를 따르지 않았다는 이유로 주목사를 면직시켰습니다. 주목사와 사모 그리고 어린 자녀 네 명은 영하 20도에 이르는 엄동설한에 교회 사택에서 쫓겨나고 말았습니다. 그리고 산정현교회 자체를 폐쇄시켜서 주목사가 다시 복귀하는 것을 원천적으로 봉쇄시켜 버렸습니다. 어떻게 보면 일제보다 더 악랄한 짓을 했던 사람들이 배교한 목사들이었습니다.

제국주의 통치 말엽이 되자 일본은 더욱 더 강압적인 정책을 사용하였습니다. 신사참배를 반대한 자들에 대한 대대적인 검문이 이루어지고 주기철 목사는 다시 잡혀서 옥살이를 해야 했습니다. 물고문, 고춧가루 고문과 같은 잔인한 고문을 견디어 내었지만 고문의 영향으로 건강이 쇠약해졌습니다. 결국 주기철 목사는 해방 1년 전 그토록 그리워하던 주님 곁으로 옥중에서 떠나고 말았습니다.

2. 그의 신실한 동역자 오정모 사모

> 아내들아 이와 같이 자기 남편에게 순종하라. 이는 혹 말씀을 순종하지 않는 자라도 말로 말미암지 않고 그 아내의 행실로 말미암아 구원을 받게 하려 함이니 너희의 두려워하며 정결한 행실을 봄이라. 〈벧전 3:1-2〉

주기철 목사의 고난은 또한 가족의 고난이기도 했습니다. 주목사는 결혼하여 4명의 자녀를 두었는데 사모가 종양이 생겨서 일찍 세상을 떠났습니다. 그 후 두 번째 아내와 결혼을 하였는데 그 사람이 바로 오정모 사모였습니다. 주목사의 신앙도 훌륭하였지만 사모의 신앙도 그에 못지않았습니다. 주목사를 뒷바라지하면서 남은 자녀들을 신앙으로 길러낸 사람이 바로 오사모였기 때문입니다. 주기철 목사가 고문에 굴복하지 않자 일본 경찰은 가족들까지 이용하는 만행을 저질렀습니다. 아들이 고문 당하는 장면을 지켜보던 주목사의 어머니는 그 자리에서 정신을 잃어 버렸습니다. 그 와중에 오정모 사모는 땅에 엎드려서 "주님"을 부르짖으며 신앙을 지켰습니다. 주목사는 아내를 구타하는 소리를 들어야 했습니다. 어떻게 보면 자신에 대한 고문보다 더 큰 고통이었을 것입니다. 부부는 고문 속에서 기도로 견뎌냈습니다.

주목사가 죽고 나서도 오정모 사모는 신앙의 절개를 보여 주었습니다. 해방 후 배교했던 교회가 산정현교회 앞에 주목사의 동상을 세우려고 하였지만 단호하게 호통을 치면서 거절하였습니다. 이후 평양 지역이 공산화가 되고, 한국 전쟁이 나면서 어려움이 생겼지만, 오사모는 오직 하나님만 바라며 주목사가 걸어간 길을 따라 걸었습니다.

열매 맺기

아래의 두 가지 질문 중 하나를 선택해서 나누어 봅시다.

1. 신사참배를 찬성했던 배교자들은 십계명의 1계명이 구약의 계명이고 유대인을 위한 것이기 때문에 신약 시대를 사는 한국 신자들에는 적용이 되지 않는다고 주장하였습니다. 이 주장에 대해서 어떻게 대답할 수 있을까요?

2. 우상은 일제시대만 있는 것이 아닙니다. 오늘날 한국 사회에서 가장 강력한 종교는 대학'교'라고 할 수 있습니다. 여러분들은 자녀들이 대학에 가지 않고 하나님의 말씀만 붙들고 있어도 이 사회에서 행복하게 살 수 있다고 생각하십니까?

한 주간 약속

소그룹에서 서로 토의하여 자유롭게 만들어 봅시다.
예) 우리 사회에 어떤 우상이 있는지 살피고 그 우상을 제거하기 위해서 노력하기

일곱째마당

사랑의 원자탄 손양원

1902-1950

◆

마태복음 5:44

찬송 : 꽃이 피는 봄날에만(541장, 손양원 작사), 구주 예수 의지함이(542장)

마음열기

광주 모교회 신모 장로(62)에게는 특수부대원인 아들이 있다. 그 아들이 96년 제대를 앞두고 사격 연습 중에 총에 맞았다. 총알이 아들의 복부를 관통했다. 단순 사고로 보기 힘들었다. 가해자는 아들 부대 중사였다. 부대에서도 고의적인 면에 초점을 두고 수사를 벌였다. 수사 진행 상황을 들은 신 장로는 휴가 중 아들이 한 말이 떠올랐다. "제가 사격 1등이에요. 오죽했으면 부대 중사가 사격 시험에서 한 번만 양보해 달라고 부탁했겠어요." 진급을 앞둔 중사의 부탁이었지만 거절했다는 아들의 자랑이었다. 대수술을 받은 아들 곁에서 신 장로는 기도뿐 더 이상 다른 생각을 할 수 없었다. 다행히 결과가 좋아 아들은 생명을 되찾게 되었다. 이때 고의성에 대한 의혹을 본격 수사키로 했다는 연락이 왔다. "안 돼요. 그분을 용서해 주세요." 병상에서 아들이 말했다. 중사의 어려운 집안 사정을 잘 알고 있었고 설사 고의로 쐈다 해도 용서해 주자는 것이었다. 아들의 말에 신 장로는 부대를 찾았다. 더 이상의 사고 조사를 원치 않는다고 청원했다. 결국 사건은 중사가 제대하는 것으로 마무리 됐다. 지금 중사는 회사에 다니며 신 장로를 부친처럼 따르고 있다. 용서를 통해 신 장로는 아들을 한 명 더 얻은 셈이 되었다.

- 만약 나와 내 가정에 이러한 일이 생겼다면 어떤 반응을 하였을까요?

성경과의 만남

"원수를 사랑하라!" 이 말씀은 예수님께서 그 당시 사람들에게 던진 충격적인 메시지였습니다. 오늘날 불신자라 하더라도 이 말씀만은 대부분이 다 알고 있습니다. 하지만 예수님의 이 말씀을 글자 그대로 받아들이기기 쉽지 않았기 때문에 여러 가지 방식으로 해석이 되었습니다. 어떤 이들은 이 말씀이 일반 평신도들이 아니라 수도사나 성인 같은 특별히 구별된 사람들을 향한 말씀이라고 생각하였습니다. 다른 이들은 이 말씀은 우리가 실제로 지키도록 하기 위해서가 아니라 얼마나 우리가 하나님의 말씀 앞에서 무기력한 지를 깨닫게 하도록 하기 위한 것이라고 해석하였습니다. 그러나 어떤 이들은 이 말씀을 우리의 힘으로 실천할 수는 없지만 하나님의 도우심으로 능히 실천할 수 있다고 주장하였습니다. 손양원 목사는 주님의 이 말씀을 몸소 실천함으로 예수님의 말씀이 단지 공허한 말씀이 아니라는 것을 보여 준 위대한 신앙인이었습니다.

1. 산 순교자

> 나로 말미암아 너희를 욕하고 박해하고 거짓으로 너희를 거슬러 모든 악한 말을 할 때에는 너희에게 복이 있나니 기뻐하고 즐거워하라. 하늘에서 너희의 상이 큼이라. 너희 전에 있던 선지자들도 이같이 박해하였느니라. 〈마 5:11-12〉

손양원 목사는 어렸을 때부터 부모님을 따라 주일학교에 출석을 하였고 선교사에게서 세례를 받았습니다. 그의 신앙은 점점 굳건해져서 동방요배를 거부하여 학교에서 퇴학을 당하기도 하였습니다. 학업을 하기 위해 일본에 건너가서도 매일 밤 기도를 하였습니다. 기도 중에 손목사는 강력한 성령의 임재를 체험하고 말씀의 봉사자가 되기로 결심하고 귀국을 하였습니다. 귀국 후, 부산 초량교회에서 주기철 목사의 지도 아래 훌륭한 목회자가 되기 위한 훈련을 받았습니다.

손양원 목사 역시 신사참배 문제로 일제와 배교한 목사들과 믿음의 싸움을 해야 했습니다. 경남노회는 신사참배를 거부하는 손목사에게 목사 안수를 허락하지 않았기 때문에 손목사는 오랫동안 전도사로 있어야 했습니다. 옥중에 수감되어 형을 다 채웠지만 신앙을 포기하지 않았기 때문에 해방이 될 때까지 옥살이를 계속 해야 했습니다. 옥중에서도 손목사는 큰 사랑으로 복음을 전하였기 때문에 많은 죄수들이 감동을 받고 그리스도를 영접하였습니다.

해방으로 인해 옥에서 풀려 나온 손목사는 목사 안수를 받게 되었고 여수에 애양원이라고 불리는 나환자 촌에서 목회를 시작하였습니다. 애양원과 그 속에 있는 환자들을 너무나 사랑하여 자기의 이름도 양원이라고 바꾸고 사모 이름도 양순으로 바꾸었습니다. 손목사는 단지 입술로만 설교한 것이 아니라 자신의 전 삶을 나환자를 돌보는 데 일평생을 바쳤습니다.

2. 원수를 자기 아들로 입양함

> 나는 너희에게 이르노니 너희 원수를 사랑하며 너희를 박해하는 자를 위하여 기도하라. 〈마 5:44〉

해방 후 한국은 좌우로 갈라져서 극심한 갈등을 겪게 되었습니다. 교회도 이 영향을 받지 않을 수 없었습니다. 1948년 10월에 여순 반란 사건이 일어나게 되고 손목사의 두 아들은 미제국주의자라고 낙인 찍혀서 인민재판 속에서 총살을 당하게 되었습니다.

기독교 신앙만 버리면 살려 주겠다고 하였지만 두 아들은 배교가 아니라 죽음을 선택하였습니다. 반란은 곧 진압되었고 두 아들을 총살시킨 장본인도 체포되어 사형 집행을 앞두고 있었습니다.

두 아들의 순교 속에서도 손목사의 신앙은 더 깊어졌습니다. 아들의 장례식에서 그는 "아홉 가지의 감사"라는 제목으로 설교를 하였습니다. "나 같은 죄인의 혈통에서 순교자의 자녀가 나오니 감사, 두 아들이 함께 순교하였으니 감사, 총살당하면서도 복음을 전했으니 감사, 유학보다 더 좋은 천국에 갔으니 감사…" 더 나아가 손목사는 기독교 역사상 전무후무한 일을 실행합니다. 경찰 당국에 자기 아들을 죽인 사람을 살려달라고 간절히 호소한 것입니다. 처음에는 미친 사람으로 취급하였던 책임자도 손목사의 말이 진심이라는 것을 알고 크게 감명을 받아 그 살인자를 풀어 주었습니다. 손목사는 그를 자신의 양아들로 삼아 "원수를 사랑하라"는 주의 명령을 문자 그대로 지켰습니다.

한국 전쟁이 일어나자 여수도 안전하지 못했습니다. 모두가 피난을 갔지만 손목사는 자신을 의지하고 있던 애양원의 나환자를 두고 떠날 수 없었습니다. 우리 주님이 그러했던 것처럼, 손목사도 자신의 양떼를 끝까지 사랑하였습니다. 전세가 점점 불리해지자 공산군은 여수에서 철군을 하기 시작하였고, 철군을 하면서 손목사도 같이 끌고 갔습니다. 포로들을 관리하는 것이 여의치 않자 공산군은 포로들을 총살시켰는데, 손목사도 그 중에 포함되었습니다. 믿음의 싸움을 마치고 손목사는 하나님의 평안한 품으로 돌아갔습니다.

열매 맺기

아래의 두 가지 질문 중 하나를 선택해서 나누어 봅시다.

1. 오늘날에도 여전히 한국 사회는 좌파와 우파의 대립이 심합니다. 우리 기독교인은 이들의 화합을 위해서 무엇을 해야 할까요?

2. 나에게 있어서 원수란 누구인가요? 그 사람을 위해 어떤 노력을 하고 있습니까?

한 주간 약속

소그룹에서 서로 토의하여 자유롭게 만들어 봅시다.

예) 순교자들의 홈페이지나 기념관을 방문하기 손목사님의 "아홉 가지 감사"라는 설교를 읽어 보기

여덟째마당

신실한 개혁주의자 한상동

1901-1976

◆

출애굽기 20:3-6

찬송 : 언약의 주 하나님(248장, 한상동 작사), 구주의 십자가 보혈로(250장)

마음열기

일제 강점기 동안 일본의 강압적 통치는 더욱 심화되었습니다. 말씀의 사역자를 길러내던 평양 신학교를 폐교시켰을 뿐 아니라 나중에는 아예 친일 목사를 앞세워서 어용 목회자들을 길러내는 신학교를 세웠습니다. 일제에 의해 세워진 이름만 같은 평양 신학교의 목표는 하나님의 말씀을 선포하는 신실한 목회자를 양성하는 것이 아니라 일본 제국주의에 충성하고 그 이념을 짖어대는 충실한 개들을 길러내는 것으로 바뀌었습니다. 이런 배교의 흐름에 저항하고 투옥된 목사들 중에서 일본 제국주의의 종말을 내다보면서 교회 재건을 고민하는 분들이 있었습니다. 그들 중에서 신학교의 재건이야말로 교회 재건하는데 가장 우선적인 일이라고 생각하면서 고민하는 분이 계셨으니 바로 한상동 목사였습니다.

• 해방 후에 교회 재건을 위해서 어떤 일들이 필요했을까요?

• 오늘 우리 교회에서 재건이 필요한 부분은 무엇일까요?

성경과의 만남

경남 김해 출신이었던 한상동 목사는 가까운 친척집에 입양되어 자랐습니다. 젊어서는 결핵을 앓게 되어 거의 죽음 직전에 이르기도 하였습니다. 그때 어떤 전도인으로부터 복음을 듣게 되었고 독실한 신앙인이 되었습니다. 비록 건강이 좋지 않았지만 한 목사는 전도사로 말씀을 전하면서 여러 교회를 개척하기도 하였습니다. 마침내 참된 말씀의 사역자가 되기로 결심하고 평양 신학교에 입학하였고 그곳에서 손양원 목사를 비롯한 믿음의 동역자들과 교제를 하였습니다.

1. 신사참배 반대 운동

너는 나 외에는 다른 신들을 네게 두지 말라. 〈출 20:3〉

평양 신학교를 졸업한 후에 한목사는 주기철 목사가 거쳐 간 초량교회와 문창교회를 시무하였습니다. 이 시기는 일제의 신사참배 강요가 본격화되던 시기였는데, 교인들에 대한 일제의 온갖 회유와 협박으로 결국 한목사는 문창교회를 떠나게 되었습니다. 교회를 떠나 무임 목사가 된 이후에도 한상동 목사는 가정에서 예배를 드리면서 부산, 경남을 중심으로 조직적인 신사참배 반대 운동을 주도하였습니다. 이 운동에 있어서, 평양에 주기철 목사가 있었다면 경남에는 한상동 목사가 있었습니다.

이러한 활동으로 한목사는 일제의 감시의 대상이 되었고 결국 체포되어 옥에 수감되었습니다. 혹독한 고문에도 한 목사는 신앙의 정조를 지켰고 해방 때까지 옥에서 삶을 보냈습니다. 해방이 되자 옥중에서 순교한 주기철 목사가 하지 못한 일을 한상동 목사가 떠맡을 수밖에 없었습니다. 한목사는 주기철 목사가 시무하던 산정현교회에 청빙을 받아 그곳에서 교회 재건 운동을 펼쳤습니다. 그러나 북한의 경우 해방 이후에도 크게 달라진 것이 없었습니다. 일본 제국주의자들이 공산주의자들로 대치되었을 뿐이었습니다. 그들의 방해 공작으로 한상동 목사는 목회를 그만 두어야 했고 월남하여 초량교회에 부임하여 교회 재건 운동을 주도하기 시작하였습니다. 그 핵심이 바로 신학교 설립이었습니다.

2. 회개 운동과 회개 운동과 신학교 설립

그 때에 여호와를 경외하는 자들이 피차에 말하매 여호와께서 그것을 분명히 들으시고 여호와를 경외하는 자와 그 이름을 존중히 여기는 자를 위하여 여호와 앞에 있는 기념책에 기록하셨느니라 만군의 여호와가 이르노라 나는 내가 정한 날에 그들을 나의 특별

> 한 소유로 삼을 것이요. 또 사람이 자기를 섬기는 아들을 아낌 같이 내가 그들을 아끼리니 그 때에 너희가 돌아와서 의인과 악인을 분별하고 하나님을 섬기는 자와 섬기지 아니하는 자를 분별하리라. 〈말 3:16-18〉

북한의 경우 교회의 적이 교회 밖에 있었던 공산주의자들이었다면, 남한의 경우 교회의 적은 교회 안에 있었습니다. 친일파 목사들이 그 적이었습니다. 상해 임시 정부와 무명의 독립투사들의 투쟁이 있었지만 결정적으로 우리 힘에 의해서 독립이 이루어지지 않고 외세에 의해 이루어진 것은 한국 역사에 있어서 가장 큰 고통이었습니다. 친일파들은 미국과 손을 잡고 반미 세력을 공산주의자로 몰아붙이면서 자신들의 기득권을 강화시켰습니다. 교회 안에서도 친일파들은 해방 이후에 교회의 어떠한 권징도 받지 않고 오히려 교회의 주요 요직을 그대로 차지하였고, 오히려 회개 운동을 촉구하는 세력들을 편협한 바리새인이라고 낙인을 찍어 버렸습니다. 그들의 눈에 그들의 눈에 특히 한목사와 신학교는 눈엣 가시와 같은 존재였기 때문에 김길창 목사가 중심이 되어 훼방을 놓았습니다. 노회에서 그 신학교에 학생을 보내지 않기로 결정했습니다.

교권주의자들에 의해서 신학교 설립 운동이 큰 위기에 봉착하게 되자, 한상동 목사는 신앙의 동역자들과 힘을 합하여 새로운 노회를 구성하였습니다. 이 일 이후로 한상동 목사는 분리주의자라는 오명을 감수해야 했고 온갖 고난과 가시밭길을 걸어가야만 했습니다. 그러나 한목사는 그 길을 기쁨으로 걸어갔는데, 그 이유는 신학교가 바로 세워지지 않고서 교회가 바로 세워지는 일은 불가능하다고 생각했기 때문입니다. 비록 초기에는 아주 미약하였지만 한목사가 세운 신학교는 성장하여 한국과 세계 선교를 향한 말씀의 사역자들을 신실하게 훈련시키고 있습니다.

열매 맺기

아래의 두 가지 질문 중 하나를 선택해서 나누어 봅시다.

1. 오늘날 개 교회 중심주의가 심화되면서 신학교에 대한 관심도 줄어들고 있습니다. 신학교에 대한 지원과 관심이 줄어들게 되면 앞으로 교회에 어떤 일이 일어나게 될까요?

2. 신학교가 중요하다면 우리 교회는 신학교를 지원하기 위해서 어느 정도의 예산을 지원하는 것이 적당할까요? 자신이 다니고 있는 교회가 신학교를 위해 얼마나 지원하고 있는 지 알아 봅시다.

한 주간 약속

소그룹에서 서로 토의하여 자유롭게 만들어 봅시다.

예) 교단 소속 신학교 홈페이지를 방문하여 현재 어떤 일을 하고 있는지 알아보기

7.
절기 공과

첫째마당 부활의 기쁜 소식 · 둘째마당 성령이 임하시면 · 셋째마당 감사의 참 의미 · 넷째마당 예언을 기다리는 사람들

절기는 신앙생활에 있어 매우 중요합니다. 왜냐하면 각각의 절기는 그에 맞는 성경의 사건과 가르침을 담고 있기 때문입니다. 고난주간과 부활절, 성령강림절, 감사절, 성탄절 등 각각의 절기를 통해 우리는 삼위 하나님의 역사와 은혜를 기억하고 체험합니다. 이번 단원을 통해 절기의 풍성한 의미를 배워 더욱 성숙된 신앙인으로 자라가시길 바랍니다.

부활절

부활의 기쁜 소식

요한복음 20:1-18

찬송 : 무덤에 머물러(160장), 즐겁도다 이날(167장)

마음열기

강 아래서 매일 명상하던 한 노인이 있었습니다. 하루는 전갈 한 마리가 급류에 휘말려 죽을 위기에 빠진 것을 보고, 전갈을 구하려고 전갈에게 손을 뻗었지만 오히려 전갈은 자기를 구원하려는 노인의 손을 찔러 노인에게 큰 상처를 입히며 구원의 손길을 거부했습니다. 그러나 그 노인은 전갈의 태도에 아랑곳하지 않고 전갈을 구하고자 하는 노력을 포기하지 않았습니다. 이때 지나가던 사람이 이를 보고 노인에게 소리쳤습니다. “이봐요, 노인 양반, 흉측하고 쓸데없는 저 미물을 구하려 왜 목숨을 걸고 있소? 은혜를 모르는 저 동물을 구하려다 당신이 죽게 될 줄 왜 모르오?” 노인은 이 사람을 보며 천천히 말했습니다. “전갈은 찌르는 것이 본능이라오. 그렇다고 해서 내 어찌 구원하려는 내 본능을 포기해 버리겠소?”

• 십자가의 죽음과 부활에 대한 나의 생각은 어떠합니까?

성경과의 만남

예수님의 고난과 부활을 지켜본 사람 중에 빠질 수 없는 사람이 막달라 마리아입니다. 막달라 마리아는 예수님이 십자가에서 고난당하실 때 줄곧 그 곁을 지켰던 여자입니다. 성경은 그녀가 일곱 귀신 들렸다가 예수님께 고침을 받은 사람이라고 소개합니다. 일곱 귀신에게 괴롭힘을 받던 처지를 생각하면 그녀가 얼마나 힘든 삶을 살았는지 짐작할 수 있습니다. 그랬던 막달라 마리아가 예수님을 만나 회복되었습니다. 그리고 온전히 예수님께 헌신하는 삶을 살았습니다. 그래서 그녀는 예수님의 고난에 온전히 동참했고 부활의 소식도 가장 먼저 들었습니다. 오늘은 막달라 마리아가 제자들에게 알린 예수님의 부활 소식을 통해 부활의 참 의미와 사명이 무엇인지를 살펴보고자 합니다.

1. 부활하신 예수님을 사랑합니다

안식 후 첫날 일찍이 아직 어두울 때에 막달라 마리아가 무덤에 와서 돌이 무덤에서 옮겨진 것을 보고 〈요 20:1〉

마리아는 무덤 밖에 서서 울고 있더니 울면서 구부려 무덤 안을 들

여다보니 〈요 20:11〉

마리아는 빈 무덤을 보고 슬피 울었습니다. 그녀가 얼마나 슬피 울었는지 예수님이 찾아오시는 것도 몰랐습니다. 마리아의 울음은 예수님을 향한 격정적인 사랑의 표현이었습니다. 사랑하는 예수님이 돌아가신 것을 마음 아파하는 애절한 눈물이었습니다. 막달라 마리아는 아직 어두운 새벽에 무덤을 찾아갔습니다. 새벽의 찬 공기도, 어둠의 두려움도 그녀를 막지 못했습니다. 왜냐하면 예수님을 향한 그녀의 사랑이 확고했기 때문입니다. 이처럼 예수님을 향한 사랑 때문에 마리아는 부활하신 예수님을 직접 만날 수 있었습니다.

우리는 마리아보다 더 좋은 상황입니다. 죽었다 생각한 예수님을 위해서도 애절한 사랑을 표현했다면, 죽었다가 부활하신 예수님을 알고 있는 우리는 얼마나 더 사랑을 표현할 수 있을까요? 큰 능력인 죽음을 이기시고 부활하신 예수님을 사랑하고 믿는다면 우리는 삶의 어려움도, 무거움도 이겨낼 수 있습니다.

2. 부활하신 예수님이 생명을 줍니다

천사들이 이르되 여자여 어찌하여 우느냐 이르되 사람들이 내 주님을 옮겨다가 어디 두었는지 내가 알지 못함이니이다. 〈요 20:13〉

예수께서 마리아야 하시거늘 마리아가 돌이켜 히브리 말로 랍오니 하니(이는 선생님이라는 말이라) 〈요 20:16〉

무덤에서 마리아는 천사들에게 예수님이 어디 계신지 알지 못한다고 합니다. 그리고 그녀는 예수님을 만나 뵙지만 예수님인 것을 알지 못합니다. 부활을 체험하지 못한 사람은 온통 의심뿐입니다. 부활의 비밀을 알지 못하면 우리의 시야는 이 세상의 범주로 한정되어 버려 세상의 논리를 초월하는 하나님의 사랑과 공의, 우리를 향하신 계획을 놓치고 맙니다. 부활을 깨닫지 못하면 하나님이 일하시는 것을 알지 못합니다.

부활을 통해 무엇을 깨달을 수 있을까요? 죽음을 이기고 다시 살아나는 예수님의 부활을 깨달은 신앙인은 어떠한 어려움에도 절망하거나 포기하지 않습니다. 부활 이전에 마리아와 제자들은 예수님이 먹고사는 문제나 아픈 몸과 맘의 문제들을 고쳐주시는 분으로만 알았습니다. 그러나 부활하신 예수님을 만나고 깨달은 뒤에는 사망을 이기고 영원한 생명을 주시는 분이심을 알았습니다. 부활 사건을 통해 부활하신 예수님이 영원한 생명을 주시는 분임을 깨닫습니다. 영원한 생명을 가진 신앙인은 포기하지 않습니다.

3. 부활의 소식을 전해야 합니다

막달라 마리아가 가서 제자들에게 내가 주를 보았다 하고 또 주께서 자기에게 이렇게 말씀하셨다 이르니라. 〈요 20:18〉

마리아는 부활하신 주님을 만난 후에 이 감격을 혼자만 지니고 있지 않았습니다. 그래서 뛰어가 제자들에게 부활의 소식을 전했습니다. 이것이 부활을 경험한 자의 모습입니다. 혼자서 알고 있을 수 없는 참된 감격이 안에서부터 샘솟았습니다. 18절의 "내가 주를 보았다", "주께서 나에게 이렇게 말씀하셨다"는 고백은 단순하면서도 확신에 찬 선포입니다. 정직하게 진실을 말하는 증인은 복잡하게 말할 필요가 없습니다. 부활의 소식을 전하는 것은 힘들거나 부담스러운 일이 아닙니다. 나를 위해 십자가에서 죽으신 주님, 나를 위해 무덤에서 사흘 만에 부활하신 주님을 있는 그대로 전하면 됩니다. 우리 안에서 그 부활을 체험케 하신 성령님께서 우리가 전도하는 대상에게도 찾아가셔서 동일하게 역사하실 것입니다. 부활은 나만 가져야 할 소식이 아니라 남과 나누어야 할 기쁜 소식입니다.

열매 맺기

아래의 세 가지 질문 중 하나를 선택해서 나누어 봅시다.

1. 부활하신 예수님을 생각할 때 어떤 마음이 드십니까?

2. 부활하신 예수님을 의지해서 어려움을 이겨낸 경험이 있으십니까?

3. 주님의 부활을 전해야 할 대상은 누구입니까?

한 주간 약속

소그룹에서 서로 토의하여 자유롭게 만들어 봅시다.
예) 부활의 소식을 전할 대상자를 정하고 복음 전하기

성령강림절

성령이 임하시면

사도행전 1:8

찬송 : 빈 들에 마른 풀같이(183장), 불길 같은 주 성령(184장)

마음열기

낙타 아들과 엄마가 대화를 나눕니다. "엄마, 왜 내 등에는 혹이 있어요?", "그건 사막을 지날 때 물이 필요하기 때문에 하나님이 미리 넣어주신 거야", "그럼 왜 내 속눈썹은 이렇게 길어요", "그건 사막을 지날 때 모래바람이 눈에 들어오지 말라고 그런거지", "그렇구나, 그럼 내 발굽은 왜 세 개로 갈라져 있어요", "그건 사막을 지날 때 모래 사이로 발이 빠지지 말라고 그런거지", "와 정말 굉장해요, 엄마 그런데 우린 왜 동물원에 살아요?"

- 나는 하나님의 자녀로 지금 어떤 삶을 살고 있습니까?

성경과의 만남

하나님은 우리를 자녀 삼으시고 구원하시는 것으로 만족하지 않으시고, 세상을 변화시키는 일꾼으로 세우시길 원하십니다. 그런데도 우리는 우리끼리 모여서 은혜받는 것으로 만족하고 세상으로 나가는 일에 무관심하게 살고 있지는 않습니까? 부활의 주님을 만나고 난 이후에 제자들의 모습이 바로 그러하였습니다. 부활하신 주님을 만났지만 그들의 삶은 크게 변화되지 않았습니다. 그러나 예수님이 약속하신 성령이 임하였을 때 그들의 삶은 완전히 바뀌었습니다. 오늘은 성령이 임했을 때 어떤 일이 일어났는지를 함께 살펴보고자 합니다. 그리고 이를 통해 성령 하나님이 우리에게 원하시는 일이 무엇인지를 함께 살펴보십시오.

1. 성령이 임해야 삶이 변합니다

베드로가 열한 사도와 함께 서서 소리를 높여 이르되 유대인들과 예루살렘에 사는 모든 사람들아 이 일을 너희로 알게 할 것이니 내 말에 귀를 기울이라. 〈행 2:14〉

나와 세상을 바꾸는 원동력은 성령 하나님이십니다. '오직 성령이 너희에게 임하시면' 이것은 나와 세상을 바꾸는 성령 하나님의 임재를 말합니다. 세상을 향한 선포는 말 잘하는 사람이 하는 것이 아닙니다. 성령님이 함께하는 사람이 할 수 있습니다. 성령님이 내 안에 들어오시고 내 가슴을 뜨겁게 하고 그 사랑과 감격이 넘쳐서 뛰어 나가 전합니다. 이것이 바로 성령 충만입니다. 성령님이 마음에 가득차고 계속 흘러나오는 것입니다.

예수님의 제자들은 마가의 다락방에 모여 기도하며 지냈습니다. 그러나 그들에게 성령님이 임하였을 때 완전히 삶이 바뀌었습니다. 두려움에 떨었던 사람들이 담대해졌습니다. 그리고 세상과 당당히 맞서 싸웠습니다. 성령이 함께 할 때 모든 것이 변화되었습니다.

2. 성령이 임하면 권능을 받습니다

> 오직 성령이 너희에게 임하시면 너희가 권능을 받고 예루살렘과 온 유대와 사마리아와 땅 끝까지 이르러 내 증인이 되리라 하시니라. 〈행 1:8〉

예수님께서 성령님이 임할 때 권능을 받을 것이라 말씀하십니다. 권능을 익숙한 표현으로 말하면 능력입니다. 그런데 이 능력은 어떤 능력일까요? 요리를 잘하거나, 물건을 잘 고치거나, 하는 사업이나 일마다 술술 잘 풀리는 능력을 말하는 걸까요? 그렇지 않습니다. 성령님이 임하셔서 주시는 능력은 예수님의 증인이 되는 능력입니다. 두려움 없이 담대하게 예수님의 부활과 복음을 전하게 하는 능력입니다.

성령님이 임하시기 전에 제자들은 능력이 없고, 겁이 많은 자들이었습니다. 그러나 성령님에게 능력을 받은 뒤에는 사람들에게 손가락질 받는 것도, 사람들에게 매 맞는 것도, 감옥에 갇히는 것도, 심지어 죽음까지도 두려워하지 않았습니다. 성령님께서 주시는 능력으로 예수님의 부활과 복음을 전했습니다. 이런 능력을 받고 싶지 않으십니까?

3. 성령이 임하면 땅 끝까지 증인이 됩니다

오직 성령이 너희에게 임하시면 너희가 권능을 받고 예루살렘과 온 유대와 사마리아와 땅 끝까지 이르러 내 증인이 되리라 하시니라. 〈행 1:8〉

성령님이 임하면 우리가 예수님의 증인이 됩니다. 성령님의 능력으로 담대하게 예수님의 부활과 복음을 전할 수 있습니다. 처음에는 가족들과 친구들, 더 나아가 직장 동료들이나 우연히 만난 사람들에게도 전할 수 있습니다. 그런데 이 범위가 점점 넓어 갑니다. 예수님께서 말씀하신 것처럼 복음이 예루살렘과 유대와 사마리아를 벗어나 땅 끝까지 전파되었습니다. 온 세계 곳곳에

퍼지고 있습니다. 예루살렘에서 먼 이곳 한국까지 복음이 전해졌습니다. 이것이 모두 성령님께서 임하셨기 때문입니다. 그렇다면 성령님과 함께하는 우리는 어떨까요? 우리 역시 땅 끝까지 예수님의 증인이 되어야 합니다.

열매 맺기

아래의 세 가지 질문 중 하나를 선택해서 나누어 봅시다.

1. 내 안에서 성령의 충만함을 방해하는 요소는 무엇입니까?

2. 담대하게 예수님의 부활과 복음을 전한 경험이 있습니까?

3. 나는 어디까지 예수님의 증인이 될 수 있다고 생각합니까? 그 이유는 무엇입니까?

한 주간 약속

소그룹에서 서로 토의하여 자유롭게 만들어 봅시다.
예) 우리 구역이 후원할 선교사 또는 교회를 알아보기

감사절

감사의 참 의미

신명기 26:1–11

찬송 : 공중 나는 새를 보라(588장), 넓은 들에 익은 곡식(589장)

마음열기

칠면조 요리는 추수감사절하면 가장 먼저 떠오르는 요리입니다. 추수감사절이 되면 수백만 마리의 칠면조가 미국인들의 추수감사절 식탁을 위해 도살됩니다. 그러나 이 와중에도 한 칠면조는 살 수 있습니다. 어떤 이유에서는 모르지만 해마다 추수감사절이 되면, 백악관에서는 매년 한 마리씩 대통령의 특사로 도살을 면하는 칠면조를 선정하여 시골 농장에서 남은 생을 편하게 살도록 해준다고 합니다. '정말 기막힌 구원이 아닙니까? 영락없이 털 뽑히고, 속 드러내고, 뜨거운 오븐에서 몇 시간 구워질 터키(turkey) 신세에서 구사일생으로 방면(?) 되었으니…' 이 칠면조 입장에서는 얼마나 대통령에게 고마울까요?

• 나를 구원하여 주신 주님께 나는 어떤 감사를 드리고 있습니까?

성경과의 만남

매년 감사절이 찾아옵니다. 하지만 점차 감사절의 의미가 사라져 가는 듯합니다. 구원의 감격과 감사의 말보다 불평과 불만이 가득찬 말을 쏟아내고 있지는 않습니까? 구원의 감격만으로 감사의 말이 나와야 하지만 실상 나의 삶은 전혀 다르지 않습니까? 곡물 추수와 관련되어 성경에 나타난 최초의 감사 제사는 가인과 아벨의 제사(창 4:3-4)입니다. 그리고 하나님은 유대인에게 유월절, 칠칠절, 수장절 등과 같이 절기를 지키게 하셨습니다. 오늘은 이러한 감사의 절기를 명하신 하나님의 뜻이 무엇인지를 함께 살펴보고자 합니다. 그리고 그 뜻에 합당한 감사의 삶을 살아가시기 바랍니다.

1. 감사는 신앙의 표현입니다

> 여호와께서 강한 손과 편 팔과 큰 위엄과 이적과 기사로 우리를 애굽에서 인도하여 내시고 이곳으로 인도하사 이 땅 곧 젖과 꿀이 흐르는 땅을 주셨나이다. 〈신 26:8-9〉

감사는 성도로서 당연히 해야 할 의무입니다. 감사란 단순히 심리적인 느낌이 아닙니다. 보답의 차원만이 아니라 감사는 우리 믿음의 차원입니다. 감사절은 주시는 분이 있다는 것을 분명히 믿고 그 분에 대한 감사의 마음을 표현하는 절기가 되어야 합니다. 이스라엘 백성의 감사절은 그들이 광야에서 먹을 것, 입을 것 없어 괴로울 때마다 메추라기와 만나를 내려주시고, 마실 물을 주셔서, 그들의 생명을 건져주신 분이 하나님이신 것을 믿고, 바로 그 하나님께 감사를 드린 절기였습니다. 그리고 이 정신을 기억하고자 오늘도 감사절을 지키고 있는 것입니다. 그러므로 감사절은 우리가 지나온 세월 동안 하나님께서 값없이 베풀어 주신 은혜들을 기억하면서 찬양이 넘치는 예배를 드려야 합니다. 우리의 마음에 머물렀던 믿음을 드러내는 감사절이 되어야 할 것입니다.

2. 감사는 사랑의 표현입니다

여호와여 이제 내가 주께서 내게 주신 토지 소산의 맏물을 가져왔나이다. 하고 너는 그것을 네 하나님 여호와 앞에 두고 네 하나님 여호와 앞에 경배할 것이며 〈신 26:10〉

하나님은 첫 것을 드리면서 감사절을 지키라고 말씀하셨습니다. 첫 것이란 첫 열매를 뜻하기도 하지만, 가장 좋은 것이란 의미이기도 합니다. 무엇이든 처음의 것이 소중하고 가치가 있는 법입니다. 사람이 취업을 해서 첫 월급을 타게 되면 비록 그 액수가 적을지라도 그 월급은 노동의 첫 열매이기 때문에 소중한 가치를 지니고 있습니다. 처음 것이 이처럼 소중한 가치를 지니고 있다면 이것을 누구에게 드려야 하겠습니까? 첫 열매를 하나님께 드린다는 것은 하나님을 향한 사랑의 표시입니다. 이스라엘의 절기를 통해 우리는 하나님께 대한 진정한 감사는 마음과 목숨과 힘을 다하여 하나님을 사랑하는 것임을 알 수 있습니다. 사랑이 빠진 감사는 결코 하나님을 기쁘게 하는 진정한 감사가 될 수 없습니다. 그러므로 우리는 하나님을 향한 사랑을 새롭게 다짐하며 그 사랑의 표현으로 가장 소중한 것을 드리면서 감사절을 지켜야 할 것입니다.

3. 감사는 이웃 사랑의 실천입니다

> 네 하나님 여호와께서 너와 네 집에 주신 모든 복으로 말미암아 너는 레위인과 너희 가운데에 거류하는 객과 함께 즐거워할지니라.
> 〈신 26:11〉

하나님은 감사절에 "네 하나님 여호와께서 너와 네 집에 주신 모든 복을 인하여 너는 레위인과 너희 중에 우거하는 객과 함께 즐거워할지니라(신 26:11)"고 말씀하셨습니다. 여기 언급된 레위인과 객은, 이스라엘 공동체에 속해 있으면서도 자기 스스로 개간할 땅이 없는 약자와 가난한 사람들을 말합니다. 이처럼 추수한 먹거리를 약자들과 함께 나누는 것이 감사절의 참 뜻입니다.

따라서 신앙 공동체에 속한 사람이면 누구나 그 공동체 안에서 “함께 그리고 더불어” 나누며 살라고 하나님께서 땅과 재산을 축복해 주신 것을 깨달아야 합니다. 우리는 이 은혜의 의미를 깨달아서, 물질에 대한 과욕을 버리고 가난한 이웃과 약자에게 내가 얻은 열매들을 나눌 수 있어야 합니다.

열매 맺기

아래의 세 가지 질문 중 하나를 선택해서 나누어 봅시다.

1. 한 해 동안 하나님 앞에 감사한 일은 무엇입니까? 함께 나누어 보십시오.

2. 하나님께 대한 감사의 표현을 나는 어떻게 하고 있습니까? 구체적으로 나누어 보십시오.

3. 나눔을 위해 내가 더 할 수 있는 것은 무엇이 있을까요?

한 주간 약속

소그룹에서 서로 토의하여 자유롭게 만들어 봅시다.

예) 내 주위의 이웃들 중 힘들어 하는 사람을 찾아 감사의 선물 전하기

성탄절

예언을 기다리는 사람들

이사야 9:1–7, 8:14
찬송 : 곧 오소서 임마누엘(104장), 오랫동안 기다리던(105장)

마음열기

기네스북에 따르면 크리스마스 카드를 가장 많이 보낸 사람은 미국 샌프란시스코에 사는 워너 에어하드라고 합니다. 그는 카드를 무려 62,824장이나 보냈습니다. 그가 쏟은 시간, 비용, 노력 등이 정말 대단합니다. 그런데 이보다 더 많이 보낸 분이 있습니다. 그분은 기록을 세우기 위해 보낸 것이 아니었습니다. 이천 년이 넘도록 끊임없이 크리스마스의 참된 의미를 알리시고, 주인공으로서 몸소 크리스마스 카드의 원본이 되어 우리에게 전해졌습니다. 그분은 바로 예수 그리스도이십니다. 주님은 성경에 이를 자세히 기록하여, 세계 곳곳에 있는 수많은 사람들의 손에 전달되게 하였습니다. 진정한 의미에서 이보다 더 좋은 크리스마스 카드는 없을 것입니다. 이번 크리스마스에는 카드에 단지 안부만을 전하는 것이 아니라 꼭 예수님을 소개하고, 예수님의 사랑을 전하며, 예수님으로 인한 풍성한 삶을 나누도록 하십시오.

- 성탄의 기쁨을 함께 나누고 싶은 사람은 누구입니까?
- 그 사람에게 줄 최고의 선물은 무엇일까요?

성경과의 만남

예수님의 거룩한 탄생은 하루아침에 된 일이 아닙니다. 이미 오래전부터 주어진 약속입니다. 수백, 수천 년을 기다려 이루어진 일입니다. 하나님의 계획 속에 있었고 여러 사람들을 통해 준비되어 왔습니다. 이 시간은 약속이 무르익기를 기다리는 인내의 시간이었습니다. 그리고 마침내 예수 그리스도께서 탄생하셨습니다. 이 탄생은 사모하며 믿고 기다리는 사람에게 임하는 축복입니다. 이처럼 오늘 성탄절, 기다림의 참 의미와 축복이 무엇인지 함께 생각해 보십시오.

1. 예언을 기다리는 사람들은 큰 축복을 받습니다

흑암에 행하던 백성이 큰 빛을 보고 사망의 그늘진 땅에 거주하던 자에게 빛이 비치도다. 주께서 이 나라를 창성하게 하시며 그 즐거움을 더하게 하셨으므로 추수하는 즐거움과 탈취물을 나눌 때의 즐거움 같이 그들이 주 앞에서 즐거워하오니 〈사 9:2-3〉

메시야의 탄생에 대한 예언을 듣고 기다리던 사람들은 어둠 속에서도 빛을 볼 수 있는 축복을 누렸습니다(사 9:2-3). 예언을 기다리던 사람들은 메시야가 오셔서 다스릴 것을 기대하며 고난 중에서도 기뻐할 수 있었습니다. 사탄은 성도가 주님으로부터 기쁨을 누리지 못하도록 하나님의 약속에 대한 의심과 거짓된 말을 속삭이며 끊임없이 괴롭힙니다. 그리고 더디 오심을 이용하여 일어나지 않을 일이며 거짓이라고 말합니다. 그러나 성도는 끝까지 그 신앙을 지키며 주님의 오심을 기다리고 바라보아야 합니다. 우리는 환란과 고난 속에서도 하늘의 소망을 품을 때 그 결과 하나님이 주시는 큰 위로를 경험하는 복을 누리게 될 것입니다. 예언을 기다리는 사람들에게는 반드시 하나님의 큰 축복이 임합니다.

2. 예언을 기다리는 사람들에게 메시야의 통치가 임하게 될 것입니다

> 이는 한 아기가 우리에게 났고 한 아들을 우리에게 주신 바 되었는데 그의 어깨에는 정사를 메었고 그의 이름은 기묘자라, 모사라, 전능하신 하나님이라, 영존하시는 아버지라, 평강의 왕이라 할 것임이라 〈사 9:6〉

예언을 기다리는 사람들은 예수 그리스도를 마음을 다해 영접하고, 그의 다스리심을 받아들이는 축복을 누립니다. 주님은 성도를 다스리시되 탁월한 지도력으로 다스리시는 분입니다(사 9:6). 이사야는 예수님의 이름을 기묘자, 모사라고 표현하고 있습니다. 기묘는 '경이', '비범하다'는 뜻으로 탁월한 능력을 말하며, 모사는 지혜자로 주님께서 탁월한 지혜를 가지셔서 인도하신다는 뜻입니다. 이처럼 성도는 나와 우리 가정, 그리고 우리 교회를 놀랍고도 탁월한 주님이 다스리시도록 기도하며 기다려야 합니다. 그리고 주님의 다스리심이 믿지 않는 이들에게도 임하도록 기도하며 복음을 전해야 합니다.

3. 예언을 기다리는 사람들은 정사와 평강의 더함이 무궁한 것을 보게 될 것입니다

그 정사와 평강의 더함이 무궁하며 또 다윗의 왕좌와 그의 나라에 군림하여 그 나라를 굳게 세우고 지금 이후로 영원히 정의와 공의로 그것을 보존하실 것이라 만군의 여호와의 열심이 이를 이루시리라. 〈사 9:7〉

예언을 기다리는 사람들은 정사와 평강의 더함이 무궁한 것을 보게 되는 축복을 누립니다. 주님은 성도들을 공평과 정의로 다스리실 것입니다(사 9:7). 성도는 주님이 다스리는 그 나라를 믿고 나아가야 합니다. 성도는 주님이 다스리는 교회, 나라가 되도록 주님이 원하시는 뜻을 선포하고 실천하여야 합니다. 주님은 성도를 공평과 정의로 다스리시는 축복을 주시면서 동시에 성도를 동역자로 부르셨습니다. 그렇기 때문에 우리는 하나님 나라의 사역을 이루는 사명의 삶을 살아가야 합니다. 이처럼 성탄절의 참 의미는 이 땅에 오셔서 주님이 하나님의 정의와 공의를 이루어 가셨던 것처럼 다시 오실 주님이 완전한 하나님 나라를 이루실 것을 기대하며 우리도 그와 같이 살아가는 것입니다.

열매 맺기

아래의 세 가지 질문 중 하나를 선택해서 나누어 봅시다.

1. 무엇을 기다린 경험이 있습니까? 그것이 이루어졌을 때 어떤 마음이었습니까?

2. 한 해 동안 주님이 내 삶을 어떻게 다스려 주셨는지 함께 이야기해 보십시오.

3. 예수님이 주시는 정의와 평화를 누리기 위해 내가 동참해야 할 정의와 공의의 삶은 무엇일까요?

한 주간 약속

소그룹에서 서로 토의하여 자유롭게 만들어 봅시다.

예) 크리마스 카드 또는 선물을 준비하여 주위의 사람들에게 성탄의 소식을 전하기

행복한 구역모임 플러스 강해식

초판 1쇄 인쇄 2019년 12월 10일
초판 1쇄 발행 2019년 12월 13일

집 필 진 손덕현 목사, 안동철 목사, 권오헌 목사, 윤광중 목사, 이성호 교수, 이기룡 목사
편 집 위 원 김은덕 목사, 윤웅열 강도사
디 자 인 오성민

발 행 인 박신웅
발 행 처 생명의 양식
등 록 번 호 서울 제22-1443호(1998년 11월 3일)
주 소 서울시 서초구 고무래로 10-5(반포동)
전 화 02-533-2182
팩 스 02-533-2185
홈 페 이 지 www.edpck.org